괜찮은 신입사원이
아니어도 괜찮아

괜찮은 신입사원이 아니어도 괜찮아

초판 1쇄 인쇄 2023년 6월 25일
초판 1쇄 발행 2023년 6월 30일

지은이 최정우

펴낸이 박세현
펴낸곳 팬덤북스

기획 편집 김상희 곽병완
디자인 김민주
마케팅 전창열
SNS 홍보 신현아

주소 (우)14557 경기도 부천시 조마루로 385번길 92 부천테크노밸리유1센터 1110호

전화 070-8821-4312 | **팩스** 02-6008-4318
이메일 fandombooks@naver.com
블로그 http://blog.naver.com/fandombooks

출판등록 2009년 7월 9일(제386-251002009000081호)

ISBN 979-11-6169-254-8 03320

괜찮은 신입사원이
아니어도 괜찮아

팬덤북스

남들이 보기에 괜찮은
신입사원의 조건은 무엇일까요?

일 잘하는? 시키는 대로 잘하는? 시키지 않아도 잘하는? 좋은 학벌을 가지고 있는? 유머 감각이 있는? 야근을 잘하는? 귀찮게 하지 않는? 엑셀을 잘하는? 불평·불만이 잘 없는? 일처리가 빠른? 일에 실수가 없는? 외모가 훌륭한? 붙임성 좋은?

상사마다 회사마다 괜찮은 신입의 조건은 다를 수 있죠. 시대적 흐름이나 회사 분위기에 따라서도 달라질 수 있습니다. 하지만 여러분이 꼭 잊어버리지 않았으면, 꼭 기억하셨으면 하는 점이 하나 있습니다. 괜찮은 신입사원으로 평가받는 조건이 무엇이든, 그 기준에만 맞추려고 하다 보면 나 자신을 잃어버릴 수 있다는 점입니다. 타인의 눈에는 괜찮아 보이지만 자신의 눈에는 괜찮지 않은 사람이 될 수도 있다는 말입니다. 나의 현재 모습이 나의 본래 모습에서 점점 벗어나고 있을 수 있다는 말입니다.

제가 그랬거든요.

저는 처음 직장생활을 시작할 때 타인의 눈에 괜찮은 사람이 되고 싶었습니다. 상사나 선배의 눈에 드는 사람이 되고 싶었습니다. 그것이 능력이고, 실력이라고 생각했기 때문입니다. 그런 사람이 되기 위해 멋있어 보이고, 잘나 보이는 사람을 마냥 부러워하기도 했습니다. 별생각 없이 그런 사람을 따라 하기도 했고, 그런 사람처럼 되기를 소망하기도 했습니다.

그런데 그런 모습에만 매달리다 보니 점점 저 자신을 잃어버리는 것 같았습니다. 본래 같으면 피하지 않을 상황에서도 누군가를 피하고 있는 저 자신을 발견했습니다. 본래 같으면 마음껏 웃어 재낄 상황에서도 일부러 심각한 척 고개를 숙이는 제가 생겨났습니다. 타인의 눈에 괜찮은 사람이 되어가기 위해 저는 저 자신의 눈 밖에 나고 있었습니다. 그러다 보니 우울해지기도 하고, 힘이 들기도 하더군요. 사람들을 만나는 것도 꺼려지고, 일에서도 만족감이 점점 떨어져 갔습니다. 그때 결심을 했습니다.

'회사 적응을 위한 노력을 하더라도, 나를 잃어버리진 말자. 월급쟁이 신입사원으로 살더라도 나를 놓지는 말자.'

심리학에는 '자기-불일치 이론Self-discrepancy theory'이 있습니다. 이 이론에 따르면, 한 개인은 3가지 자아, 즉 '실제적 자아', '이상적 자아', '당위적 자아'를 가지고 있습니다. 실제적 자아는 현재 있는 '그대로의 나'를 말합니다. 이상적 자아는 '되고 싶은 나', 당위적 자아는 외부의 기대에 따라 '되어야 하는 나'를 의미합니다. 현재의 내 모습이 '되고 싶은 내 모습'이나 '되어야 하는 내 모습'과 큰 차이를 보이면 죄책감, 수치심, 불안감 등을 느낄 수 있다고 합니다.

예를 들어, 현재의 나는 '할 말은 하고 당당하게 사는 나'인데 되고 싶은 나를 '할 말은 숨기고, 순응적인 모습으로 살아가는 나'로 정한다면 어떤 일이 생길까요? 현재의 모습과 되고 싶은 모습에 큰 괴리가 생겨 우울감, 불안감과 같은 부정적 감정의 늪에 빠질 수 있습니다. 이러한 부정적 감정은 자존감self-esteem 저하 현상을 만들어 낼 수 있구요. 이것이 현재 있는 당신 그대로의 모습을 존중하면서 회사생활에 적용하는 노력이 중요한 이유입니다.

저는 약 15년의 회사생활을 하였습니다. 지금은 직장인, 특히 신입사원분들을 위한 심리상담과 강연을 주로 하고 그분들을 위한 글을 씁니다. 제가 회사에 다닐 때 신입 후배들이 제게 털어놓았던 다양한 고민이 있습니다. 최근 제가 심리상담, 강연 활동을 하면서 듣는 다양한 고민도 있습니다. 이 두 가지 고민에는 겹치는 부분이 꽤 많이 있습니다.

'새로 입사하는 회사에서 팀장님이 괜찮다고 생각하시는 신입사원이 되어야겠다.'
'새로 옮기는 팀에서 괜찮은 막내가 들어왔다는 얘기를 듣고 싶다.'

새로운 회사, 새로운 팀처럼 새로운 곳에서 '괜찮은 사람'으로 보이기 위한 고민은 변함이 없었습니다. 좀 걱정이 되기도 하고 안타깝기도 합니다. 타인의 시선에 과도하게 신경을 쓰다가 자기 자신을 놓치지는 않을까 걱정이 되기 때문입니다. 제가 그랬던 것처럼 말이죠. 그로 인해 생겨날 수 있는 부작용은 생각보다 나를 아프게 합니다. 우울감, 불안감, 그로 인한 자존감 저하는 생각보다 나에게 치명적 통증을 안겨 줄 수도 있습니다.

이 책에서는 자신의 모습을 잘 간직하면서 동시에 회사에 잘 적응할 수 있도록 하는 방법을 소개합니다. 제가 경험한 내용, 제가 목격한 사례, 제가 상담한 사례들이 심리학 이론, 관련 실험, 연구결과 등과 함께 힘을 합쳐 당신에게 '본래의 모습을 지켜도 괜찮다.'는 메시지를 끈질기게 전달할 것입니다.

19세기 미국의 유명 시인이자 작가였던 랠프 월도 에머슨은 이런 말을 했습니다.

"부러움은 무지無地이고, 모방은 자살이다."

이 말처럼 '타인을 무조건 모방하는 행위는 자살과 비슷할 수도 있겠다.'는 생각이 듭니다. 자살이든 모방이든 나를 잃어버린다는 점에서는 같기 때문입니다. 자신의 모습을 지키면서, 자신을 잃어버리지 않으면서 회사에 얼마든지 잘 적응할 수 있습니다. 여기에 그 방법 49가지를 모아 두었습니다. 제가 만났던 후배들과 제가 상담했던 신입사원분들이 괜찮은 도움을 받았습니다.

이제는 당신이 괜찮은 도움을 받을 차례입니다.

I 신입, 내 마음이 내 맘 같지 않을 때

II 신입의 눈에 아직 멀게만 느껴지는 당신들

III 나를 죽이지 못하는 업무는 나를 더 강하게 만든다

IV 오늘도 회사용 부캐로 출근합니다

V 내 마음을 내 마음대로 할 수 있는 용기

VI 신입 다음의 계절을 준비하는 당신을 위해

I

신입, 내 마음이
내 맘 같지 않을 때

01

타인지옥에
빠진 그대에게

> 비판으로부터 자신을 방어하는 것은 불가능하다.
> 비판받을 것을 신경 쓰지 말고 행동하라.
> 그리하면 자연스럽게 비판에 초연해질 것이다.
>
> _ 괴테(독일 문학가)

　제가 상담했던 P 대리는 천식, 아토피, 발목 통증을 겪고 있었습니다. 근무시간에 몇 번 병원을 다녀오기도 했습니다. 그런데 병원을 갈 때마다 주위 사람들의 시선에 신경이 쓰였습니다. 타인을 의식하는 경향이 강했던 거죠. 전에 다니던 회사에서도 진료를 위해 자주 외출을 하거나 휴가를 쓰며 눈치를 많이 보았습니다. 그는 온전치 못한 몸으로 근무를 하는 데 어려움을 느꼈지만, 더 큰 어려움은 주위 사람들에게 신경을 쓰는 자신이었습니다. 주위 사람들을 의식하느라 제때 치료를 받고 쉬는 것을 두려워했습니다.

저는 이분께 이런 말씀을 해드렸습니다.

"다른 사람들의 시선이 신경이 쓰이고 의식되는 것은 이해가 갑니다. 저라도 그런 상황이라면 그랬을 것 같습니다. 그래도 자신의 몸보다 더 중요할까요? 주위 사람들의 시선이 내 몸보다 더 중요할까요? 내가 아픈 걸 참고 일을 하면 사람들이 알아봐주기나 할까요? 치료받고 싶은 욕구를 참고 지내며 출근하고 퇴근하면 사람들이 잘했다고 할까요?"

그분도 "그렇지는 않을 것이다."라고 했습니다. 맞습니다. 물론 주위 사람들의 시선이 신경 쓰일 수는 있습니다. 하지만 내 몸보다 중요할 수는 없습니다. 내 마음보다 중요할 수는 없습니다. 당신이 생각하는 것보다 사람들은 당신에 대해 신경 쓰지 않아요.

내가 자신의 일을 하면서 주위 사람들에게, 회사에 피해를 주지 않는 범위라면, 당신은 당신 몸을 챙겼으면 좋겠습니다. 당신 마음을 챙겼으면 좋겠습니다. 그리고 변하지 않는 사실 하나가 있습니다. 사람들은 당신이 생각하는 것만큼 당신에게 큰 신경을 쓰고 있지 않다는 점입니다. 당신은 당신이니까 당신에게 가장 많은 신경이 쓰이겠지요. 그런데 그 시간에 다른 사람들은 자기 자신에 대해 신경을 씁니다. 당신이 자신에 대해 신경을 쓰는 것처럼요. 그러니 다른 사람의 시선에는 좀 덜 신경 쓰시면 좋겠습니다. 그렇게 해도 괜찮습니다. 그렇게 해도 큰 문제는 발생하지 않습니다.

물론 직장생활을 하면 눈치를 보게 될 때가 있습니다.

'오늘 정장을 입고 와야 했는데 나만 비즈니스 캐주얼을 입고 왔네. 신경 쓰인다.'

'추석 연휴에 연차를 3일 붙여서 좀 더 쉬다 왔는데 괜히 눈치 보이네.'

'지금 나만 먼저 퇴근한다고 하면 사람들이 나를 안 좋게 보지 않을까?'

그런데 정말 사람들은 나에 대해 실제로는 얼마나 신경 쓰고 있을까요? 내가 나에 대해 신경 쓰고 있는 것만큼 사람들도 나에 대해 신경 쓰고 있을까요?

바지 엉덩이에 난 구멍

회사 다닐 때 일입니다. 출근하기 위해 집을 나섰습니다. 근데 왠지 엉덩이 부분이 시원했습니다. 손을 갖다 댔습니다. 이게 웬일인가요? 500원 동전만 한 구멍이 느껴졌습니다. 바지 엉덩이 부분에 구멍이 난 것이었습니다. 그것도 정가운데에 민망한 위치에 말이죠. 당시 지하철에 있었습니다. 오만 가지 생각이 들기 시작했습니다.

'어떻게 하지? 미치겠다. 다음 역에 내려 어디든 들어가 바지를 하나 새로 살까? 아냐. 이른 시간이라 문 연 데도 없을 거야. 회사 근처 세탁소를 찾아가 바지를 하나 빌릴까? 아니 그냥 연차를 내고 집에 갈까? 집으로 돌아가는 동안 알아보는 사람이 있으면 또 어쩌지?'

결론적으로는 그냥 출근했습니다. 회사에 가서 바늘과 실을 동료에게 빌려 대충 꿰매고 회사에서의 하루를 보냈습니다. 걱정했던 것보다 별다를 것 없는 하루였습니다. 퇴근하고 집으로 왔습니다. 그날 밤 잠들기 전 이런 생각이 들었습니다.

'그때 출근길 지하철에서, 길거리에서, 사무실에서 나의 바지 구멍을 알아봤던 사람은 얼마나 될까?'

미국 코넬대학교 심리학과 토머스 길로비치Thomas Gilovich 교수는 한 가지 실험을 했습니다. 그는 실험 참가자를 모집하고 다음과 같이 얘기했습니다.

"당신은 이 티셔츠를 입고 사람들이 있는 방에 들어갑니다. 거기서 잠시 머문 후 다시 나옵니다. 그 방에 남아 있는 사람들에게 물어볼 겁니다. '당신이 입었던 셔츠가 기억나는지?'를 말이죠."

그 티셔츠에는 1970년대 유명 가수의 얼굴이 대문짝만 하게 찍혀 있었습니다. 우스꽝스러운 느낌의 티셔츠였죠. 왠지 눈에 띄는 디자인이었습니다. 자신의 티셔츠를 알아봤을 것이라고 예상했던 비율은 평균 50%였습니다. 즉, '절반 정도는 내 티셔츠를 알아봤을 것이다. 이 정도면 눈에 안 띌 수 없으니.' 라고 생각했던 거죠. 실제 비율은 얼마였을까요? 방 안에 있던 사람들에게 그 사람이 입고 있던 티셔츠를 기억하는지를 물어봤습니다. 실제로는 10%의 사람들만 그 티셔츠를 기억했습니다.

사람들은 나에 대해 50%의 관심을 가질 것으로 생각했지만, 사람들은 나에 대해 실제로 10%만 관심을 가졌습니다. 그러고 보면 우리는 사람들이 우리 자신에 대해 많은 관심이 있다고 생각하는 것 같아요. 실제로 그만큼은 아닌데 말이죠.

마찬가지로 제 바지의 구멍을 알아봤던 사람도 많지는 않았을 것 같습니다. 저 역시 길을 갈 때 다른 사람의 바지 엉덩이를 쳐다보고 걷지는 않으니까요. 바닥을 보거나, 휴대폰을 보거나, 다른 생각에 빠져 있죠. 대부분 그렇지 않나요?

회사도 마찬가지입니다. 물론 회사에서 만나는 사람들이 길거리에서 마주치는 사람들보다는 더 가깝고 중요한 사람들이긴 합니다. 하지만 그들 역시 자신에게 우선 관심을 기울입니다.

심리학에는 '스포트라이트 효과Spotlight effect'라는 용어가 있습니다. 자신에게 실제로 관심을 갖는 것 이상으로 사람들이 관심을 갖고 있다고 생각하는 경향을 말합니다. 무리 속에서 왠지 나만 스포트라이트를 받는 것 같고 모든 사람들이 나를 집중하고 있을 것 같죠. 실제로는 그렇지 않습니다. 그 시간에 다른 사람들은 저마다 그런 생각을 하고 있거든요. 모두가 스포트라이트를 받을 수 있는 건 아니잖아요?

저마다 다른 생각을 하고 있는 회사 사람들
———

사람들은 저마다 이 순간 다른 생각을 합니다.

"자신이 보낸 이메일에 상대방이 왜 답장이 없는지, 회의 때 자신이 낸 의견에 대해 사람들이 어떻게 생각하는지, 부장님께 내일 연차를 쓴다고 어떤 타이밍에 말씀을 드리면 좋을지, 어제 드라마에서 봤던 주인공이 메고 있는 가방이 어디 브랜드인지, 금리가 올라서 이자를 어떻게 감당해야 하는지, 코로나도 끝나가는데 요즘엔 다낭 비행깃값이 얼마나 하는지, 퇴근을 하고 싶은데 언제 일어나면 좋을지…."

이런 사람들이 지금 이 순간 당신의 바지 구멍에 대해 생각하고 있을 가능성은 낮습니다. 저마다 자신에 대해 관심 갖고, 자신에 대해 신경을 씁니다. 그러니 주위 사람들의 시선을 너무

의식하면서 살 필요는 없습니다. 주위 사람들의 눈치도 너무 볼 필요 없습니다.

프랑스의 사상가 몽테뉴는《수상록Essais》에서 이렇게 말했습니다.

"타인에게 내가 어떠한 사람인가는 내가 내 자신에게 어떠한 사람인가 하는 것보다 중요하지 않다."

타인이 있기 전에 내가 먼저 있는 것입니다. 내가 나를 어떻게 생각하는지가 타인이 나를 어떻게 생각하는지보다 우선입니다. 당신의 행동이 주위 사람들에게 피해를 주지 않는다면, 주위 사람들의 눈살을 찌푸리게 하지 않는다면, 당신의 생각대로 하셔도 괜찮습니다. 당신이 하고 싶은 대로 하셔도 괜찮습니다. 너무 주변 사람들의 눈치는 그만 보셔도 괜찮습니다. 좀 더 의연하고 자신 있고 당당하게 행동할 수 있는 이유입니다.

내일 오후 6시 퇴근할 때는 이렇게 말씀해보세요.

"팀장님, 저 먼저 들어가겠습니다. 고생하셨습니다. 내일 뵙겠습니다."

열등감을
다루는 방법

> 갖지 못한 것을 소망하느라 가진 것을 망쳐서는 안 된다.
>
> _ 에픽테토스(고대 그리스 철학자)

이런 때 없나요? 나는 그냥 기업에 다니는데, 대기업에 입사한 친구들을 보면 왠지 나보다 더 잘난 것 같고, 나보다 더 성공한 것 같고 말이죠. 그러면서 자신도 모르게 그 친구와 비교하게 되고요. '예전에는 내가 더 공부도 잘하고 인기도 많았는데' 하며 현재의 자신을 탓하기도 합니다. 그런데 정말 대기업에 입사한 친구가 그만큼 성공한 것이 맞고 나는 덜 성공한 걸까요?

대기업에 입사한 친구는 대기업만큼 큰 행복을 누리고, 그렇지 않은 나는 그만큼 작은 행복을 누리는 걸까요? 당연한 얘기이지만 행복의 크기는 회사의 크기와 비례하지 않습니다. 물론 대기업에 다닌다면 그만큼 더 많은 월급과 더 높은 자부심을 느낄 수도 있습니다. 하지만 그런 만큼 더 많은 스트레스와 더 치열한 경쟁을 겪어야 합니다. 회사에 다니는 궁극적인 목적이 무엇인가요? 남들과의 경쟁에서 이기기 위한 것인가요? 결국 자신이 만족하기 위해 회사에 다니는 것이 아닌가요?

혼자서는 자신의 능력을 평가할 수 없는 사람들

심리학자 레온 페스팅거Leon Festinger는 '사회적 비교이론Social Comparison Theory'을 소개했습니다. 그의 이론에 따르면, 사람들은 자신의 능력, 의견, 느낌 등을 평가하기 위해 다른 사람들과 비교하는 경향이 있다고 합니다. 즉 자신의 능력이 얼마나 높은지 낮은지 혼자서는 평가하기 어렵다는 것이죠. 비교 대상이 없으니까요. 수학에서 88점을 맞았는데 그 시험은 잘 본 건가요? 못 본 건가요? 혼자서는 알기 힘듭니다. 그러므로 자연스레 다른 사람을 점수와 비교하게 되는 것이죠.

사회생활도 마찬가지입니다. '내가 이 정도 회사를 다니며, 이 정도 월급을 받는데 나는 과연 사회생활을 잘하고 있는 것인가? 나는 얼마나 잘 살아가고 있는 것인가?' 하는 의문이 들 수 있습니다. 자신을 평가하기 위해 자연스레 주위 사람들에게 눈을 돌리는 것입니다. '다른 사람들은 어느 정도로 살고 있는지' 쳐다보게 되는 거죠. 그 과정에서 비교 대상이 있을 수밖에 없습니다.

그런데 남과 비교를 하다 보면 좋은 감정이 드는 경우는 별로 없죠. 대개 자신보다 돈이 많은 사람, 자신보다 더 멋진 외모를 가진 사람, 자신보다 더 인기가 많은 사람, 자신보다 더 멋져 보이는 직업을 가진 사람, 자신보다 구독자수가 더 많은 사람과 비교하기 때문입니다. 그런 사람들과 비교하다 보면 패배감, 좌절감, 우울감 등이 찾아오는 건 자연스러운 일이죠.

도움이 되는 비교가 있다

———

자신의 능력을 확인하고 평가하고 싶은 건 인간의 자연스러운 경향이라고 앞서 말했습니다. 그래서 남과 비교를 하는 것이고요. 그렇다면 비교 대상을 '타인'에서 '자신'으로 옮겨오는 것은 어떨까요? '과거의 자신'과 '현재의 자신'을 비교하는 것이죠.

'남들보다 작은 회사에 다니지만 그래도 나는 이전 회사보다 더 큰 회사로 옮겨 왔잖아.'
'그 친구보다 연봉이 좀 적긴 하지만 나는 작년보다 연봉이 올랐고 성과금도 받았잖아.'

'그 사람이 부러워 보이긴 하지만 나는 그래도 전 직장에서보다 만족스러운 일을 하고 있잖아.'

이처럼 비교 대상을 '과거의 자신'으로 옮겨오는 겁니다.

중국 작가, 베티 청Betty Chung은《Life Recipes from my mother》에서 만족스러운 삶을 사는 법을 소개했고, 많은 이들의 사랑과 공감을 받았습니다. 그녀는 비교하는 행동에 대해 이렇게 말을 했습니다.

"자신과의 비교는 개선을 가져오고, 타인과의 비교는 불만을 가져온다."

그녀 역시 타인과의 비교보다는 자기 자신과의 비교가 더 의미 있고 가치 있는 것임을 강조했습니다. 남과의 비교는 끝이 없습니다. 여러분이 부러워하는 누군가는 지금, 이 순간, 또 다른 누군가와 비교하고 있을 수 있습니다. 그런 생각은 해보지 않으셨나요? 여러분이 부러워했던 누군가처럼 되었을 때, 여러분은 또 다시 부러워할 새로운 대상을 찾고 있을지도 모릅니다.

그런 의미에서 남과의 비교는 우주와도 같습니다. 끝이 없다는 말입니다. 한 번 커 보인 남의 떡은 계속 커 보일 것입니다. 부러움은 그렇게 돌고 돕니다. 그러한 부러움의 악순환을 끝내는 유일한 방법은 스스로 만족하는 것입니다. 과거의 자신과 비교하는 것입니다. 과거의 자신과 비교해서 나아졌다면 비교를 쉽게 멈출 수 있습니다. 과거의 나는 하나밖에 없기 때문입니다. 과거의 자신과 비교를 해야 하는 이유입니다. 과거의 자신과 비교하여 자신의 능력과 성과를 측정해야 하는 이유입니다.

'저 사람은 이번에도 우수사원 상을 받네. 나는 그냥 평범한데. 부럽다.'
'나랑 나이도 비슷하고 연차도 비슷한데 중요한 TF에 들어가네. 나는 뭐하나. 부럽다.'
'박 대리님은 이번에 특진하시네. 나는 뭐 하고 있나. 부럽다.'

이런 비교는 더 이상 하지 않았으면 좋겠습니다. 끝이 없기 때문입니다.

내 손 안에 있는 것은 무엇일까?

————

행복도 마찬가지입니다. 상대적인 행복만 있을 뿐 절대적 행복이란 절대적으로 없습니다.

독일의 철학자 아르투어 쇼펜하우어Arthur Schopenhauer "우리는 흔히 자기가 가진 것은 생각하지도 못하고 자신에게 부족한 것만 생각한다. 그럼으로써 불행의 길을 걷는다."라고 말했습니다. 남이 가진 것에만 집중하다 보면 정작 자신이 가진 것과 자신이 느낄 수 있는 행복을 못 느낍니다. 여러분이 지금 가지고 있는 것을 찾아보고 음미하는 것이 행복을 느낄 수 있는 가장 쉬운 방법입니다.

남의 것만 바라보다 정작 자신의 손 안에 뭐가 들어 있는지 모르고 지내는 실수는 하지 맙시다. 과거의 자신보다 나아진 점을 탐색하고 바라보며. "나는 잘하고 있다."고 생각해봅시다. 그런 마음을 가져 봅시다. 다른 사람과 비교해서 괜찮은 사람이 될 필요 없습니다. 과거의 자신과 비교해서 괜찮은 사람이 정말 괜찮은 사람입니다.

03

고민되는 일일수록
빠른 결정이 필요한 이유

> 두 번 숙고했다면 그것으로 충분하다. 계획을 다시 점검하는 데 제대
> 로 된 한 번의 검토면 충분하다. 두세 번에 이르러 장황하게 재고再考
> 하는 것은 실천을 미루고 우물쭈물하는 것과 다름없다.
>
> _ 공자(중국 사상가)

사회생활, 직장생활을 하다 보면 '이렇게 할까, 저렇게 할까?'
고민되는 순간이 있습니다.

'평소 가고 싶었던 MD팀에서 일할 수 있는 기회가 왔는데…
그곳으로 팀을 옮기자니 지금 영업팀도 괜찮은 것 같고….'
'출퇴근하는 데 왕복 3시간…회사 근처에 집을 얻어야 하나
말아야 하나?'

'업체를 선정해야 하는데 딱히 마음에 드는 곳이 없다.'

이러지도 못하고 저러지도 못하고. 이것도 좋아 보이고, 저것도 좋아 보이고, 이것도 별로인 것 같고, 저것도 별로인 것 같고, 이렇게 하자니 이런 점이 걸리고, 저렇게 하자니 저런 점이 걸리고. 이럴 땐 누가 대신 정해줬으면 좋겠습니다.

우리가 선택을 두고 망설이는 이유?

사실 우리가 고민하는 것은 가장 좋은 선택, 가장 정답에 가까운 선택이 있다고 전제하기 때문입니다. 무의식적인 활동이죠. 선택지 중 가장 정답에 가까운 선택을 찾아내야 한다는 의식이 깔려 있는 것입니다. 그런데 정말 그럴까요? 정말 정답에 가까운, 완벽에 가까운 선택이란 것이 있는 것일까요?

저는 영업팀에서 MD팀으로 가고 싶었던 적이 있었습니다. MD팀에서 바이어가 되어 브랜드를 담당하고 브랜드와 협상도 하고, 브랜드와 협업하여 매장도 설계하는 일을 해보고 싶었기 때문입니다. MD팀으로 이동할 수 있는 기회가 있었습니다. 막상 기회가 생기니 이런 생각도 들었습니다.

'사실 지금 영업팀도 괜찮은데'

원래 있던 영업팀에서 사람들과 잘 어울렸었거든요. 분위기도 좋았고 무엇보다도 일에서 무엇보다도 많은 스트레스를 받지 않았습니다. 일도 손에 익어서 일 처리를 하는 데 큰 어려움도 없었습니다.

회사 근처에 집을 얻을까 고민했던 후배가 있었습니다. 그 후배는 집을 회사 근처에 얻으면 출퇴근 시간이 왕복 2시간이 단축되는 상황이었죠. 수면, 휴식, 자기계발 등을 활용할 수 있는 시간이 그만큼 늘어났을 겁니다. 대신 어머니가 해주시는 따뜻한 밥은 먹을 수 없게 되었죠. 방을 얻느라 월세도 나갈 테고요. 독립된 생활공간이기 때문에 독립적으로 챙겨야 할 것들인테리어, 공과금, 청소, 빨래 등도 생겼을 겁니다. 고민이 됐겠죠. 후회하지 않을 선택을 하기 위해 그 후배는 고민하고 또 고민했습니다. 정말 열심히 고민했습니다.

그런데 완벽한 선택이란 것이 정말 존재할까요? 절대 후회하지 않을 선택이 진짜 있을까요? 아마 없을 겁니다. 어떤 선택을 하든 아쉬움과 미련은 뒤따르기 마련이기 때문입니다. 이것저것이 고민될 때는 일단 선택을 합시다. 일단 선택을 하면 걱정과 고민을 줄일 수 있습니다. 그게 낫습니다.

일단 선택을 하면 좋은 이유?

—————

뇌과학자 앨릭스 코브Alex Cob의《우울할 땐 뇌과학》에 의하면, 우리 뇌에서 걱정을 만들어 내는 부위가 바로 '전전두피질 PFC'라고 합니다. 이 영역이 몇 가지 선택지를 놓고 고민하고 결정하는 과정에서 걱정이 발생하기 때문입니다. 전전두피질이 각 선택지에 따른 예상 시나리오를 하나씩 검토합니다. 선택지를 줄이거나 일단 선택을 하면 전전두엽이 검토를 그만큼 덜 할 수 있습니다. 그만큼 걱정을 줄일 수 있고요.

'에이 몰라. 일단 결정했으니 어떻게 되겠지 뭐. 일단 그렇게 해보자.'

이렇게 생각하며 일단 뭐라도 정하고 나면 마음이 조금이나마 편해지는 이유가 이 때문입니다. 어차피 완벽한 선택은 없습니다. 좋은 점만 있는 선택은 없습니다. 어차피 완벽한 선택이 없다면 조금이라도 끌리는 쪽으로 선택을 하시기 바랍니다. 그리고 그 선택에 최선을 다하시기 바랍니다. 그것이 마음을 편히 만드는 방법입니다.

어떤 선택을 하고 만족감을 느낀다고 해서 그 만족감이 평생 간다는 보장도 없습니다. 반대로 자신이 어떤 선택을 하고 후회를 한다고 해서 그 후회가 평생을 간다는 보장도 없습니다. 더 시간이 흐르고 상황이 변하면 만족이 후회로, 후회가 만족으로 바뀔 수도 있습니다. 프랑스 사상가 몽테뉴Montaigne는 이런 말을 한 적이 있습니다.

"우리가 한 선택이 좋은 선택이었는지 나쁜 선택이었는지 죽기 전까지 알 수 없다."

그렇죠. 우리가 지금 하는 선택이 결국 좋은 선택이었는지 아니었는지는 죽기 전에 가장 정확히 알 수 있겠죠. 그리고 우리는 죽을 날이 아직 많이 남았기 때문에 지금 한 선택에 대해 당분간은 크게 만족감을 가질 필요도, 크게 후회할 필요도 없습니다. 무언가 결정을 내렸다면 이제는 그 결정에 최선을 다해봅시다. 너무 고민되는 선택지가 있다면 일단 선택해봅시다. 그래도 괜찮습니다. 일단 조금이라도 마음이 가는 쪽으로, 조금이라도 낫겠다 싶은 쪽으로 선택합시다. 한결 가벼워진 마음을 가질 수 있습니다.

04

'막연'한 불안감은 '막상' 해보면 해결됩니다

> 단순히 일어날지도 모르는 재난을 눈앞에 떠올리며 미리 불안해하지 않아야 한다.
>
> _쇼펜하우어(독일 철학자)

'내가 잘 적응할 수 있을까?'
'내가 이 일을 잘 해낼 수 있을까?'
'내가 사람들과 잘 어울릴 수 있을까?'

처음 회사를 다니다 보면 누구나 많은 걱정이 듭니다. 특히 신입일 때는 더 그렇습니다. 회사를 처음 다녀보는 신입사원으로서는 모든 것이 낯설고 두려울 수밖에 없죠. 업무의 문제, 사람의 문제, 분위기의 문제, 시스템의 문제, 적성의 문제, 경제적 문제, 미래의 문제 등 모든 것이 문제로 보입니다. 새로운 환경 속에서 불안해하는 자연스러운 우리의 모습입니다. 하지만 과도한 두려움은 자신을 필요 이상으로 위축시킵니다. 실제로는 잘할 수 있는 일도 주저하게 만듭니다.

저 역시 그랬습니다. 처음 회사에 들어갔을 때 가장 많이 불안했습니다. '내가 여기에서 잘 적응할 수 있을까? 사람들에게 인정받을 수 있을까? 사람들에게 좋은 모습을 보일 수 있을까? 혼나지 않을 수 있을까? 사람들이 나를 좋아할 수 있을까? 내가 동기들보다 잘할 수 있을까? 내게 뛰어난 점이 있을까?' 이런 생각들이 끊이지 않았습니다. 오히려 과거 실패했던 기억이 자꾸 생각났습니다. 내가 원하던 대학에 가지 못했을 때, 고등학교 때 내가 원하는 만큼 성적이 나오지 않았을 때, 중학교 시절 내가 기대했던 만큼의 친구들을 사귀지 못했을 때. 내 인생에서 실패하고 좌절했을 때가 더 많이 떠올랐습니다.

실제로는 잘할 수 있는데 두려워하는 이유

———

심리학에는 '비관주의 편향Pessimism bias'라는 용어가 있습니다. 부정적인 사건을 경험할 가능성은 실제보다 높게 평가하고, 긍정적인 사건을 경험할 가능성은 실제보다 낮게 평가하는 경향을 말합니다. 저 역시 처음 직장생활을 앞두고 이런 편향을 경험했었던 것 같아요. 회사에 잘 적응할 모습보다는 적응하지 못하게 될 모습에 집중했던 것 같습니다. 희망보다는 불안이 컸던 것 같습니다. 긍정적 상상보다는 부정적 상상을 더 많이 했던 것 같습니다.

그런데 실제로는 어땠을까요? 실제로는 그런대로 할 만했습니다. 막상 해보니 할 만하더군요. 회사를 다녀보니, 회사에 다녀지더군요. 생각보다 사람들과도 잘 어울렸고 맡은 업무도 그럭저럭해냈습니다. 나름 할 만 했습니다물론 다른 이유로 1년 2개월만에 첫 회사를 그만두고 나왔지만요.

여러분도 그런 경험이 있을 거예요. 새로운 시도를 앞두고 불안했던 경험말이죠. 중학교 입학, 고등학교 입학을 앞두고 새로운 친구를 사귀어야 한다는 새로운 환경에 적응해야 한다는 두려움, 입대를 앞두고 '전쟁 나면 죽는 건 아닐까?' 하는 막연한 불안감, 유학길에 처음 오를 때의 막막함. 대학 신입생 오리엔테이션에 참여할 때의 긴장감. 실제로 경험해보니 어땠나요? 물론 생각했던 것만큼 힘들었던 것도 있었을 겁니다. 하지만 생각했던 것만큼 힘들지는 않았던 적은 없었나요?

불안할 수는 있지만 불안해할 필요는 없습니다. 괜찮습니다. 우려했던 걱정했던 만큼 실제로 힘들게 하는 일도 있겠지만, 기대와 달리 생각보다 쉬운 일, 예상외로 쉽게 풀리는 일도 분명 있을 테니까요. 늘 그렇게 해왔듯, 어떻게든 하게 될 거고, 어떻게든 해낼 것입니다. 괜찮습니다. 그렇게 해왔던 사람이니까요.

일단 시작하면 별 것 아니라고 느낄 수 있다

너무 미리 겁먹지 마세요. 일단 해보세요. 일단 해봐서 할 만하면 다행인 것이고요. 해봤는데 힘들다면 '적어도 시작'을 한 것입니다. 시작하기 전에는 '불안해하기만' 했다면 이제는 힘든 일을 실제로 겪고 있으니 잘 해내기 위한 실제적 방법과 대책을 고민해볼 수 있는 단계입니다. 적어도 마냥 불안해하지 않을 수 있죠. 실제로 경험하고 있는 만큼 실제 문제에 대응하고 적응해 나갈 차례입니다.

반대의 경우도 마찬가지입니다. 시작하기 전에는 막연하게 불안하고 걱정됐지만, 막상 시작해보면 '별 것 아니었네.', '할 만한 거였네.', '괜히 좋았네.' 하는 순간도 분명 올 것입니다. 그러니 시작도 하기 전에 너무 걱정하지 마세요. 괜찮습니다. 자신을 믿으세요. 분명 잘 해낼 것입니다.

제가 상담했던 직장인 C 씨가 있었습니다. 그의 문제는 자신의 손톱과 발톱을 먹는 행동이었습니다. 그에게 손톱을 먹는 이유를 물어봤습니다. 그는 이런 불안이 있었습니다.

'내가 잘 적응할 수 있을까?, 내가 새로운 사람들과 잘 지낼 수 있을까?"

그는 직장생활 2년차였고 곧 새로운 부서로 이동할 예정이었습니다. 그는 부서 이동을 앞두고 많은 걱정과 불안을 느끼고 있었습니다. 그는 걱정과 불안을 달래는 방법이 필요했습니다. 어느 날 과자를 집어 먹다 우연히 자신이 잘라 놓았던 발톱도 함께 먹게 되었습니다. 처음에는 거북해서 바로 뱉었지만 시간이 좀 지나니 불안감이 진정되는 듯한 느낌을 받았다고 했습니다. 이후 그는 불안을 느낄 때마다 자신의 손톱이나 발톱을 일부러 먹기 시작했던 겁니다. 이런 행동을 정신병리학에서는 손톱을 먹는 행위를 '교조증onychophagia'으로 진단하기도 합니다.

그와 상담을 진행하며 이런 질문을 했습니다.

나   그러셨군요. 새로운 부서로의 이동을 앞두고 걱정이 될 수 있겠네요. 그럼 이런 생각을 해보면 어떨까요? 회사에 처음 들어갈 때를 생각해볼까요? 처음 회사에 들어갈때는 어떠셨나요?

직장인 C   '내가 잘 해낼 수 있을까? 내가 다른 사람들보다 뒤처지면 어떡하지? 잘하지 못하면 어떡하지?'이런 생각을 했던 것 같아요.

나   그랬군요. 그런데 막상 해보시니 어땠나요? 생각했던 것만큼 실제로 뒤처졌나요?

직장인 C   막상 해보니 생각만큼 그리 어렵지는 않았습니다. 사람들과도 어느 정도 어울렸고, 업무에서 칭찬을 받은 적도 있습니다.' 회사생활도 해볼 만하다'라는 생각을 했습니다.

그는 새로운 환경에 대한 두려움이 남아 있었습니다. 하지만 '막상 해보니 해볼만 했던 순간들'을 떠올리고 불안한 마음을 다소 가라앉힐 수 있었습니다. 여러분도 마찬가지입니다. 누구나 새로운 도전, 환경을 앞두고 불안하고 떨립니다. 하지만 막상 해보니 결국은 잘 해냈던, 할 만했던 순간들이 분명 있을 것입니다. 그런 순간들을 떠올려 보세요. 큰 도움이 될 것입니다. 막상 해보면 '해볼 만하다.'라고 느끼는 순간이 분명 생깁니다. 막상 해보면 생각보다 괜찮은 일이 많습니다. 그러니 너무 두려워하지 마시고 담담히 그 시간을 준비하시면 좋겠습니다. 그렇게 해봐도 괜찮습니다.

05

'나는 생각만큼 잘난 사람이 아니다.'고 생각해도 괜찮습니다

> 내가 더 많이 배우면 배울수록, 나는 내가 모르는 것이 얼마나 많은 지 깨닫게 된다.
>
> _ 앨버트 아인슈타인(독일 물리학자)

당신은 자신의 모습에 얼마나 만족하시나요?

자신이 얼마나 능력 있는 사람이라고 생각하시나요?

저는 제가 회사에서 일을 잘하는 축에 속한다고 생각했습니다. 못해도 상위 10% 안에는 드는 인재라고 생각했습니다. 물론 뚜렷한 근거는 없었습니다. 저만의 생각이었습니다. 좋은 효과도 있었습니다. 자신감 있게 일을 할 수 있었고 자신감 있게 사람을 대할 수 있었죠.

반면 문제도 있었습니다. '다른 사람들 보다 잘났다.'라고 생각했기 때문에 웬만한 상황에서 제 판단을 믿었습니다. 제가 하는 생각이 올바르고 다른 사람들이 하는 생각은 '뭘 모르니 저럴 수 있지.'라고 생각하는 경향이 있었습니다. 저도 모르게 다른 사람들의 판단과 행동을 잘 믿지 않았습니다. 처음 만나는 사람인데도 '나보다 잘난 사람은 아닐 것이다.'라고 생각했던 것 같습니다. 무의식적으로 말이죠. 회사에서 월급을 받을 때도 보상을 받을 때도 진급을 할 때도 저는 생각했습니다.

'나는 다른 사람들보다 더 나은 대우를 받아야 한다. 나는 남들보다 뛰어나기 때문에….'

이 정도면 근거 없는 자신감이 해도 해도 너무한 수준이었죠. 문제는 제가 뛰어난 인재라고 생각했던 만큼 실망도 컸다는 것입니다. 제가 기대했던 결과가 나오지 않으면 그만큼 실망도 컸습니다. 특히 과장에서 차장으로의 진급에 실패했을 때 충격이 컸습니다.

'나는 남들보다 잘난 사람인데, 나는 이렇게 뛰어난 사람인데 왜 진급에서 떨어졌지? 뭔가 잘못됐다. 사람들이 나를 제대로 평가할 줄 모르네.'

회사가 날 올바로 평가하고 있지 못하다는 생각을 했습니다. 제가 진급에 떨어진 이유를 상사, 회사, 환경, 평가 시스템 탓으로 돌렸던 거죠. 물론 실제로 그랬을 수도 있습니다. 회사나 상사가 저를 제대로 평가하지 못해서 그런 것일 수도 있겠죠. 그런데 중요한 건 실망과 좌절의 몫은 제것이었다는 것입니다. 저의 감당이었죠. 결국 힘들어야 하는 사람은 저였습니다.

감정이 지배하는 선택 뒤에 찾아 오는 것

物론 기본적으로 자신감을 가지는 것은 좋습니다. 목표에 도전하는 과정에서 자신감은 분명 도움이 됩니다. 하지만 과정의 자신감이 결과의 자신감으로 이어지도록 내버려두면 안 됩니다. '자신감을 가지고 최선을 다했기에 결과도 무조건 좋을 것이다.'라고 생각하면 본인만 힘들어질 수 있습니다. 자신이 잘난 사람이라고 생각했던 만큼의 결과가 나오지 않으면 주위 사람들에 대한, 환경에 대한 비난으로 이어질 수 있습니다. 감정에 치우쳐 후회할 선택을 할 수도 있습니다.

예를 들면, 홧김에 회사를 그만둔다든지 일을 손에서 놓는다든지 하는 것과 같은 행동입니다. 진급을 못 한 채로 팀에, 회사에 남아 있는 것이 너무나 견디기 힘들기 때문이죠. 모두가 나를 우습게 보는 것 같은 느낌이 들 수도 있습니다. '어이구 혼자 잘난 척은 다 하고 다니더니, 진급도 못 했네. 안됐다.' 이런 생각으로 모두가 자신을 바라보는 것 같습니다. 퇴사, 이직에 대한 강한 충동을 느끼기도 합니다. 실제로 감행하는 사람도 있고요.

그런데 말이죠. 감정에 따라 행동을 하면 그만큼 후회할 가능성이 커집니다. 물론 순간 올라오는 감정은 이해합니다. 하지만, 감정이 올라와 있는 상태에서 내린 결정은 후회할 가능성도 커진다는 사실을 잊지 않았으면 좋겠습니다.

시카고 대학교 소비자 행동학 교수인 데니스 루크Dennis Rook 와 그의 동료 연구자가 수행한 연구결과에 의하면, 감정에 휩쓸려 충동구매를 한 사람들은 그렇지 않은 사람들보다 후회를 하는 경향이 더 높았습니다.[1] 또한 카네기 멜론 대학의 심리학과 제니퍼 러너Jennifer Lerner 교수와 캘리포니아 대학의 심리학과 다처 캘트너Dacher Keltner 교수는 '불안과 의사결정'이라는 주제로 연구를 수행하였습니다. 그 결과, 실험 참가자들은 불안감을 느끼는 상태에서는 더 작은 보상이라도 지금 당장의 보상을 선택하는 경향을 보였습니다.[2]

내가 생각보다 뛰어나지 않은 사람이라고 생각해도 괜찮은 이유

———

진급에 실패한 감정은 충분히 이해합니다. 회사를 때려치우고 싶은 마음도 이해합니다. 실제로 회사가 당신을 제대로 평가하지 못하고 있을 수 있습니다. 사람들이 생각하는 것보다 당신은 더 뛰어난 사람일 수 있습니다. 하지만 이렇게 생각해보는 겁니다.

'나는 내가 뛰어난 사람이라고 생각한다. 하지만 나는 내가 생각하는 만큼 뛰어난 사람이 아닐 수도 있다. 그렇다는 것이 아니라 그럴 수도 있다는 것이다. 최선은 다하되 결과는 인정하는 것이다. 그것으로 자책을 하거나 실망은 하지 말자.'

이런 생각을 하면 크게 실망하지 않을 수 있습니다. 이렇게 생각해야 크게 좌절하지 않을 수 있습니다.

철학자 버트런드 러셀Bertrand Russell은《행복의 정복》에서 이런 말을 한 적이 있습니다.

"당신 자신의 재능이 생각했던 것만큼 대단하지 않다는 사실을 인정하는 편이 낫다. 이렇게 인정하는 것이 당장은 고통스럽겠지만, 결국 그 고통에는 끝이 있기 마련이다. 그 고통의 끝을 넘어서면 다시 행복한 삶을 시작할 수 있다."

저는 이 말을 보고 큰 위안과 용기를 얻었습니다. 저의 실패를 담담히 받아들일 수 있는 용기를 말이죠. 세상 사는 것이 조금은 더 편안하게 느껴졌습니다. 내가 평범한 사람일 수도 있다 생각하니 나의 평범한 결과들에 대해서도 좀 더 쉽게 받아들일 수 있게 되었거든요.

오해는 하지 마시기 바랍니다. 당신은 사실 평범한 사람이라는 얘기를 하는 것이 아닙니다. 실제로는 뛰어난 사람일 수 있지만, 자신을 평범하게 생각한다면 종종 찾아오는 평범한 결과들을 좀 더 편안하고 의연하게 받아들일 수 있다는 의미입니다.

이런 생각을 하면 그만큼 자신에 대한 현실적 기대를 할 수 있습니다. 현실적 기대를 하는 만큼 이루어낸 것에 대해 더 만족하고 더 뿌듯해할 수 있습니다. 반면 당신의 기대만큼 결과가 나오지 않으면 걱정, 불안, 스트레스를 더 많이 느낄 수 있습니다.

결국, 당신의 의연한 마음을 위한 것입니다. 또 다른 도전을 이어나갈 힘을 만들기 위한 것입니다. 당신의 용기를 꺾고 싶은 것이 아니라 당신에게 용기를 주고 싶은 것입니다. 오해가 없기를 바랍니다.

'어쩌면 나는 내가 생각하는 것만큼 뛰어난 사람이 아닐 수도 있겠다.'라고 생각하는 것의 장점입니다. 생각보다 자신이 그렇게 뛰어난 사람이 아니라고 생각해도 괜찮은 이유입니다.

06

짜증을 낮추는 마법의 주문: '그나마 다행이다.'

> 절망하지 마라. 절망하지 않을 수 없더라도 절망하지 마라. 모든 것이 정말로 끝장이 났을 때는 절망할 수도 없지 않은가!
>
> _ 프란츠 카프카(독일 문학가)

저는 아이들 학교 때문에 말레이시아 조호바루에서 약 6개월 동안 살았던 적이 있습니다. 말레이시아 사람들은 '덥다.'는 말을 잘 하지 않더군요. 연 평균 기온이 32도가 넘는데도 말이죠. 그렇게 더운 곳에서 덥다는 말을 잘 들을 수 없는 이유는 무엇일까요? 이유는 간단합니다. 항상 덥기 때문이죠. 항상 더우므로 덥다는 말을 굳이 하지 않습니다. 더운 것이 기본이기 때문입니다.

반면 우리나라에서는 당연하게도 여름에 덥다는 말을 자주 하죠. 덥지 않은 때에 비해 덥기 때문입니다. 즉, 비교할 만한 대상이 있으므로 '덥다.'라고 말할 수 있는 것입니다. 그런 의미에서 우리가 느끼는 감정은 절대적인 것이 아니라 상대적입니다.

여기서 저는 '하향식 반反사실적 사고Downward counterfactual thinking'를 소개해드리고 싶습니다. 어떤 안 좋은 일이 일어났을 때 그보다 더 안 좋은 일이 일어났을 수도 있었음을 떠올려 보는 사고思考기법을 말합니다.

이러한 사고기법에는 장점이 있습니다. 힘들고 괴롭고 짜증이 나는 상황에서 느끼는 부정적 감정을 그나마 좀 덜 느낄 수 있습니다. 조금이라도 덜 힘들고, 덜 괴롭고, 덜 짜증이날 수 있다는 말이죠.

순간 솟구치는 짜증을
조금은 누그러뜨릴 수 있는 방법

———

저는 얼마 전 주말에 초등학교 6학년 아들 녀석의 방문 손잡이를 교체해주다 손을 다쳤습니다. 드라이버 손잡이 끝을 오른손바닥에 대고 너무 강하게 돌리다 살이 그만 벗겨졌습니다. 순간 아픔과 짜증이 치솟아 올랐습니다.

"아이! @#^ㅆ#@$$!!"

조심한다고 했는데도 다쳤습니다. 손을 다치는 것만큼 불편한 일도 없잖아요. 순간 화가 치솟고 나고 짜증이 폭발했습니다. 그 순간 아들이 '무슨 일인가?'하고 다가왔습니다. 아들 앞에서 욕을 할 수는 없었으므로, 그 순간 마음을 진정시키려 일부러 이런 생각을 했습니다.

"'아 그래도 이 정도만 다쳐서 다행이다. 그래도 드라이버 손잡이 끝에 살이 벗겨져서 다행이다. 드라이버 십자가 끝에 찔린 것이었으면… 윽!"

이러한 하향식 반사실적 사고는 회사에서도 유용하게 쓸 수 있습니다.

저는 회식이 있는 날 출근할 때는 아침부터 기분이 썩 좋지는 않습니다. 아침 출근길부터 '오늘은 집에 일찍 들어오기는 틀렸다.'는 생각이 들기 때문이죠. 아침부터 회식을 생각하게 되는 상황이란! 우울해지곤 했습니다. 그럴 땐 이런 식으로 생각해보려 노력했습니다.

'아 오늘은 회식이 있는 날이네. 일찍 집에 오기는 글렀다. 그래도 요즘 사회 분위기에 2차, 3차는 없을 테니 그나마 다행이다.'

짜증이 나는 상황이지만 다행인 부분을 생각하니 그나마 짜증을 좀 덜 느낄 수 있었습니다.

'오늘 회의에서 내가 발표를 해야 해서 부담된다. 그래도 내가 맡은 발표 주제가 쉬운 거라 그나마 다행이다.'
'사업부장님이 갑자기 어려운 질문을 하셔서 당황했네. 그래도 더 어려운 걸 물어보시지 않아서 그나마 다행이다.'
'짜증 나는 저 인간이랑 오늘 또 회의네. 그래도 이번 주는 저 인간이랑 하는 회의가 이번 한 번만 있어서 그나마 다행이다.'

힘들고 괴로운 순간은 분명 힘들고 괴로운 순간입니다. 성인 군자가 아닌 이상 그런 감정들을 쉽게 피할 수 없습니다. 다만 이렇게 '다행이다.' 기법을 통해 그 감정들을 그나마 덜 느끼도록 할 수는 있습니다.

웬만하면 행복해지기

우리가 시원함을 느끼고 행복을 느끼는 방법은 간단합니다. 아무리 더워도 지금보다 더 더울 때를 떠올려 보는 것이고, 아무리 불행하다 느껴도 지금보다 더 불행할 때를 떠올려 보는 것입니다. 언제나 시원함을 느끼고, 웬만한 상황에서 행복을 느낄 수 있는 비결입니다.

자신이 덥다고 느끼는 것은 지금보다 덥지 않을 때가 있어서이고, 자신이 행복하다고 느끼는 것은 지금보다 행복하지 않을 때가 있어서입니다. 자신이 돈이 있다고 느끼는 것은 지금보다 돈이 없을 때가 있어서이고, 자신이 살이 빠졌다고 느끼는 것은 지금보다 살이 쪘을 때가 있기 때문입니다. 더 안 좋았던, 더 안 좋을 수 있었던 상황을 떠올려 보는 것은 지금의 감정을 어루만져 줍니다.

　미국의 사회행동심리학자 베리 슈워츠Barry Schwartz는 행복한 사람과 불행한 사람들의 특징을 이렇게 구분했습니다.

"행복한 사람들은 과거에 얽매이지 않고 앞으로 나아가는 능력을 갖추고 있지만, 불행한 사람들은 과거에 집착하고 자신을 점점 비참하게 만드는 경향이 있다."

　과거의 더 좋았던 순간에 얽매이기보다는 앞으로 다가올 더 좋을 순간에 집중해봅시다. 마찬가지로 이미 벌어진 안 좋은 일이 있다면 '더 안 좋았을 수도 있었는데 그 정도만 돼서 다행이다.' 라고 생각해봅시다. 그렇게 현재의 고통과 괴로움에서 잠시 눈을 뗐으면 좋겠습니다. 그럼 지금의 힘든 일도 '생각보다 견딜 만한, 괜찮은 일이다.'라는 생각이 들 수도 있을 것입니다.

07

바람직한
이기주의자가 되는 법

> 대부분 인간은 극히 주관적이므로 오로지 자신에게만 흥미를 느낄
> 뿐 그밖의 것에는 아무런 흥미도 느끼지 못한다. 그 때문에 남이 무슨
> 말을 하건 즉시 자신부터 생각한다.
>
> _ 쇼펜하우어(독일 철학자)

제게는 H라는 직장동료가 있었습니다. 그가 영업관리를 하던
A 매장이 있었습니다. 그 동료는 그 매장에 대해 불평을 하곤 했
습니다.

"그곳은 약간 텃새가 있는 것 같아요. 새로운 영업담당자에
게 말이죠. 그곳 사람들 특성인 것 같아요."

저는 그 말을 들을 때마다 '그런가?' 했습니다. 저도 영업사원이었습니다. 시간이 흘러 제가 그 A 매장을 담당하게 되었습니다. 결론부터 말씀드리면 저는 그 A 매장에 대해 그 H 동료가 했던 생각이 들지 않았습니다. 그 매장과 협조가 잘되어 매출도 큰 폭으로 상승했었습니다. 텃새도 없는 것 같았습니다.

잘 안 되면 네 탓, 잘되면 내 탓

제 생각에 저는 그것이 제 능력이었다고 생각했습니다. 그 매장 분들과 사적인 대화도 많이 나누었고 어려운 일, 힘든 일이 있으면 적극적으로 도와주려 했거든요. 제 노력이 작용했다고 생각했습니다. 반면, '그 H 씨는 뭔가 능력이 부족했던 것이 아닐까?' 하는 생각이 들었습니다.

그 전임자는 매장과 잘 지내지 못한 이유를 매장 사람들의 탓으로 돌렸고, 저는 매장과 잘 지낸 이유를 제 탓으로 돌렸습니다. 잘하지 못한 것은 '남 탓', 잘한 것은 '내 탓'으로 생각했습니다. 사실 이런 모습은 다른 사람들에게도 많이 볼 수 있습니다. 일반적으로 자기 위주로 생각을 하고 자기 위주로 판단을 하죠.

심리학에는 '자기중심적 편향Egocentric bias'이라는 용어가 있습니다. 자신의 처지나 관점에서 상황을 판단하거나 자신을 과장해서 높이 평가하는 경향을 말합니다.

다음 상황을 살펴볼까요?

조 대리 　이번 달에는 내가 회의자료를 가장 많이 만드네.

최 대리 　이번 달에는 내가 가장 까다로운 회의의 자료를 만드네.

조 대리는 자신의 입장에서 회의자료 '작성 횟수'에 주목했고, 최 대리는 자신의 입장에서 회의자료 '작성 난이도'에 주목했습니다.

이러한 자기 위주의 관점은 개인이 아닌 팀, 그룹 단위에서도 발생합니다.

	매출 실적	전년 대비 매출 신장율
영업 A팀	30억 원	6%
영업 B팀	18억 원	12%

영업 A팀 　이번에도 우리 팀이 가장 많은 매출을 달성했네. 역시 우리 팀이 1등.

영업 B팀 　이번에는 우리 팀이 가장 높은 매출 신장율을 달성했네. 역시 우리 팀이 1등.

영업 A팀은 '매출 실적' 주목했고, 영업 B팀은 '매출 신장율'에 주목했습니다. 자신에게 유리한 관점에서 평가한 거죠. 똑같은 실적이지만 어떤 관점으로 바라보느냐에 따라 이렇게 해석이 달라집니다.

진화심리학자Evolutionary Psychologist는 인간의 '이기성selfish'을 강조합니다. '이기적'이 된다는 것은 그만큼 환경에 더 잘 적응할 수 있기 때문이라고 말합니다. 자신을 우선시하는 선택함으로써 생존과 자손 번식에 유리하기 때문이죠. 자신의 유전자를 다음 세대로 보내는 데 유리하기 때문입니다.

이쯤 되면 우리가 회사에서 자신도 모르게 자신을 먼저 생각하고, 자신에게 유리한 선택을 하는 것이 자연스러운 인간의 본능일지도 모른다는 생각이 듭니다. 그렇게 마냥 탓할 행동만은 아니라는 것이죠.

'내가 저 사람의 부탁을 거절하다니 내가 너무 이기적인가?'
'이번 주말에는 나대신 다른 사람이 당직근무를 좀 서면 좋겠는데… 좀 그런가?'
'이번 회의는 나대신 박 대리님이 좀 들어가 줬으면 하는데… 너무 나만 생각하는 건가?'

조금은 이기적이 되어도 괜찮은 이유

혹시 여러분 스스로가 '내가 너무 이기적인 선택을 했나? 너무 나만 생각하는 건가?'라는 생각이 든 적이 있나요? 그래서 죄책감이 들고 자괴감에 빠진 적 있나요? 너무 그런 생각을 할 필요는 없습니다. 그렇게까지 자책하지 않아도 괜찮습니다. 회사생활을 하다 보면 자연스레 그러한 모습들이 생깁니다. 자신도 모르게 말이죠.

그 수준이 너무 지나치지만 않으면 됩니다. 자신의 이익을 위해 타인에게 피해를 준다거나 윤리적·법률적으로 문제가 되지 않으면 됩니다. 자신의 행동이 다른 사람에게 큰 피해를 주지 않은 것이라고 한다면, 다른 사람도 충분히 수용할 만한 범위라고 한다면 자신을 위한 선택을 하는 것도 나쁘지 않습니다.

자신을 위해 조금은 이기적으로 될 수 있는 사람이 타인을 위해 이타적인 사람도 될 수 있을 테니까요. 나를 소중히 생각할 줄 아는 사람이 다른 사람도 소중하게 생각할 수 있을 테니까요. 그러니 조금은 이기적인 사람이 되어도 괜찮습니다. 직장인이 되어가는 자연스러운 모습입니다. 약간의 이기적인 모습도 그만큼 당신이 회사에 잘 적응해나가고 있다는 모습이 될 수 있습니다.

08

내 소문에 대해
그리 신경 쓸 필요 없는 이유

> 네 번째 원칙은 다른 사람들이 당신에 대해서 생각하는 시간은 당신이 자신에 대해서 생각하는 시간에 비해서 훨씬 적다는 점을 깨닫는 것이다.
>
> _버트런드 러셀(영국 철학자)

회사에 다니며 자신에 대한 소문에 신경 쓰일 때가 있습니다.

'내 소문에 대한 근원지는 어디일까?'
'누가 나에 대해 이런 얘기를 퍼뜨린 것일까?'

만약 당신이 아직 그런 경험이 없다면 행운입니다. 그런데 그 행운이 얼마나 지속될지 모르겠네요. 사람들은 남의 이야기를 하는 것을 좋아하기 때문이죠.

이야기하기 좋아하는 사람들

———

영국 옥스퍼드 대학의 심리학과 조지 던바Gregory Dunbar 교수와 그의 동료 연구자들이 '험담'에 관해 실시한 연구결과에 따르면, 직장인들은 하루에 평균 52분가량을 다른 사람에 관해 이야기 하는 데 쓴다고 합니다.[3] 《월스트리트》와 《포브스》는 '직장 내 험담'이라는 주제를 가지고, 직장인 1,000명을 대상으로 설문조사를 실시했습니다. 결과에 따르면, 응답자의 60%가 직장에서 남에 대한 험담을 한 적이 있다고 답했습니다. 또 응답자의 80%는 직장에서 남이 하는 험담을 들은 적이 있다고 답했습니다.[4]

이쯤 되면 남의 이야기를 하고, 남의 이야기를 퍼트리는 것은 직장인의 본능에 가까운 행동이라는 생각이 듭니다. 당신도 언젠가는 당신에 대한 소문 때문에 괴로워할까 봐 걱정이 됩니다. 소문 때문에 신경이 쓰여 밤에 잠이 안 올 수도 있습니다.

저 역시 그랬던 적이 있습니다.

"최 과장은 너무 윗사람한테만 맞추려고만 한다. 주위 사람이나 밑의 부하직원은 신경도 안 쓴다."

제가 남들 통해 들은 제 소문이었습니다. 어이가 없고 황당하고 화가 났습니다. 망치로 머리를 한 대 얻어맞은 기분이었습니다. '내가 진짜 그랬나?' 하는 생각도 들었습니다. 제가 실제로 그랬는지 안 그랬는지보다 그 소문을 접한 이후 제 자신에 변화가 생겼습니다. 그 소문이 신경이 쓰이기 시작했거든요. 회사 안에서 사람을 마주칠 때마다 이런 생각이 들었습니다.

'이 사람도 나에 대한 소문을 들었을까? 이 사람도 나에 그렇게 생각을 하고 있을까?'

일에 집중하기 어려웠습니다. 사람을 만나는 것이 두려워지기 시작했습니다. 되도록 사람을 피하고 혼자 지내려 했던 기억이 납니다. 많이 힘들었던 기억이 납니다.

한편으로 이런 생각도 들었습니다. '도대체 누구지? 나에 대해 그런 악담을 퍼트리고 다닐까?' 그 사람을 찾아내고 싶었습니다. 그 사람을 찾아내 "무슨 근거로 그런 얘기를 하고 다니는 거냐!"고 따져 묻고 싶었습니다.

그런데 아시나요? 당신에 대한 소문은 아무 근거 없이 생겨난 것일 수 있다는 사실을 말이죠. 겨우 한두 명이 평소 당신에 대해 갖고 있던 이미지가 확대되고 재생산돼서 지금의 소문이 되었을 가능성이 큽니다. 그 과정을 설명해보겠습니다.

누군가가 당신에게 평소 이런 생각을 하고 있었다고 가정해보죠.

'최 과장은 윗사람한테만 잘해.'

평소 저를 미워하거나 시기하거나 싫어하는 사람이 그런 생각을 했을 수 있습니다. 그를 A라 해보죠. A는 그 생각을 뒷말로 B에게 얘기합니다. 그 말을 전해 들은 B는 생각합니다. '그런가?, 최 과장님이 그랬나?' 반신반의합니다. 이후 별생각 없이지냅니다. 그러다 최 과장이 회사 복도에서 상사에게 간단히 말로 업무보고를 하는 장면을 봅니다.

'아 맞네. 최 과장님은 상사한테만 잘하려고 하는구나.'

소문이 발생하는 원리를 안다면
소문에 덜 신경을 쏠 수 있다

———

최 과장은 단순히 업무보고를 한 것일 수 있습니다. 그런데 B는 최 과장에 대해 들었던 얘기가 있으니 그 상황을 그렇게 해석할 수 있었던 겁니다.

심리학에는 '선택적 인지Selective perception'라는 개념이 있습니다. 우리가 주위의 정보를 받아들일 때 자신이 관심 있어 하거나, 자기가 받아들이고 싶은 정보만 선택적으로 받아들이는 경향을 말합니다.

어떤 회사로 이직하기로 마음을 먹었다면, 그 회사의 잦은 야근, 잦은 회의, 지방 근무의 높은 가능성 등과 같은 말에는 주의를 잘 안 기울이게 되죠. 이미 그 회사로 이직하기로 마음을 먹었으니까요. 그 결정에 도움이 되는 정보만 듣고 싶은 거죠. 튀르키예 대지진으로 인해 '해외여행은 위험한 것이다.'란 생각이 들면, 우리나라나 일본에서 발생한 약한 강도의 지진 뉴스만 봐도 '역시 해외여행은 위험하구나.'하는 믿음이 강해지는 이치와 같습니다.

B도 자신이 들었던 얘기대로 상황을 해석하고 받아들여 C, D 한테 전파한 것일 수 있습니다. 마침내 최 과장 본인한테 얘기가 흘러간 것일 수 있고요. 즉 우리 자신에 대한 소문은 우리 생각만큼 그렇게 많은 사람이 그렇게 생각해서 퍼진 것이 아닙니다. 소수의 생각과 소수의 전파로 생겨났을 가능성이 큽니다. 당신이 연예인이 아니고서야 그렇게 많은 사람 모두가 당신에 대해 관심을 갖고 있을 리도 없고요.

그러므로 혹시라도 자신에 대한 소문 때문에 신경이 쓰일 때가 있다면 이렇게 생각해보세요.

'어이구 또 어떤 한 놈이 나에 관해 얘기한 걸 누군가에게 듣고 제 마음대로 해석하고 떠벌리고 다녔나 보네. 대다수 사람은 나에 대해 관심조차 없는데 말야. 나는 내 할 일이나 하자.'

맞습니다. 나에 대한 소문은 한두 명의 작품일 가능성이 큽니다. 회사에서는 나를 싫어하는 사람보다는 나를 좋아하는 사람이 많습니다. 아니 더 정확히 말하면 나에 대해 별 관심이 없는 사람이 가장 많습니다. 그러니 나에 대한 소문을 듣는다면 너무 신경 쓰지 마세요. 너무 신경 쓰지 않으셔도 괜찮습니다. 너무 신경 쓰지 않도록 노력해보세요. 신경 쓰지 않는 당신의 마음을 응원합니다.

II

신입의 눈에 아직
멀게만 느껴지는 당신들

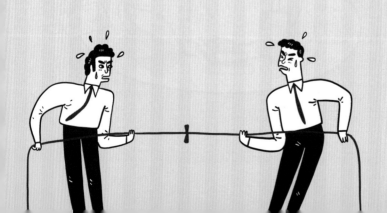

09

회사에 불편한
사람이 있다

> 조직과 파벌이라는 것은 고만고만한 도토리의 집합체. 작은 물고기
> 의 무리와도 같아서 사고방식까지도 보통 사람의 틀 안에 가두어 버
> 린다. 그러므로 사고방식의 차이로 조직에 익숙해지지 않는다고 하여
> 자신만을 이상하게 여길 필요는 없다.
>
> _ 프리드리히 니체(독일 철학자)

'저 사람은 불편하다. 편하게 지내고 싶어도 쉽지가 않네.'

'오늘 미팅에 저 사람도 오나? 저 사람만 없으면 회사생활 정
말 행복할 텐데.'

'회식 때 저 사람만 없으면 정말 즐겁게 보낼 수 있겠다'

여러분도 회사에서 불편한 사람 한두 명씩 꼭 있지요? 불편한
사람이 없을 수 없죠. 학교든, 군대든, 사적 모임이든, 교회이든,

회사이든 어디든 불편한 사람은 있을 수 있습니다. 가족에도 불편한 사람이 있을 수 있고요. '불편한 사람이 어떻게 없을 수 있는가?'를 고민하는 것보다 '불편한 사람을 어떻게 대해야 하는가?'를 고민하는 것이 현실적인 이유입니다.

나를 불편하게 하는 사람들

특히 회사에서 불편한 사람이 있는 것만큼 힘든 일도 없습니다. 매일같이 출근하는 회사이기 때문입니다. 더욱이 같은 팀에 있는 사람이라면, 업무적으로 엮여 있는 사람이라면, 매일 봐야 하는 사이라면 죽을 맛입니다. 저 역시 그랬던 적이 있습니다. 회사에 불편한 사람이 있었습니다. 나서기 좋아하고, 말 많고, 아는 척하기 좋아하고 부하직원들한테는 감정적으로 대하고. 정말 밥맛 떨어지는 동료였습니다.

그럼, 불편한 사람을 어떻게 대하면 좋을까요?

선택을 해볼 수 있습니다. 불편한 사람이 있을 때 좀 더 편해지도록 다가가 볼 수도 있고요. 아니면 그냥 그렇게 불편한 채로 거리를 두며 지낼 수도 있습니다. 저는 회사생활 초반에는 다가가는 방법을 택했습니다. '내 주위에는 단 한 명의 불편한 사람도 남겨 놓아서는 안 된다.'라는 원칙이 있었기 때문입니다. '나를 아는 모든 사람은 나를 좋아해야 한다.'라는 생각이 있었기 때문입니다. 그게 능력이라 생각했습니다. 그래서 불편했던 모든 사람과도 잘 지내보고자 했습니다. 그런데 쉽지 않더군요. 혼자로는 한계가 있었습니다. 불편한 사람을 편하게 대해보려고 해도 상대방이 저를 불편하게 생각하는 경우도 많았습니다.

'내가 뭘 잘못했나? 나는 노력을 했는데 왜 그러지?'
'다른 사람들과는 잘 지내면서… 참나… 그 사람은 내가 마음에 안 드나?'
'사람들과 잘 지내는 내 능력이 부족한가 보다….'

처음에는 저 자신을 탓했습니다. 하지만 지금은 그렇게 생각하지 않습니다. 세상에는 나의 의지나 능력과 상관없이 나와 편하게 지낼 수 있는 사람도 있고, 그렇지 않은 사람도 있다는 사실을 깨달았기 때문입니다. 노력했음에도 상대방이 거리를 둔다면 여러 가지 이유가 있을 수 있습니다. 그 원인이 반드시 자신에게 있을 것이라 단정할 필요가 없습니다. 당신을 인간적으로는 괜찮게 생각하지만, 업무적으로는 라이벌 관계라고 생각할 수도 있고요. 당신의 어떤 점을 시샘하고 있을지도 모릅니다. 여러분에 대해 어떤 오해를 하고 있을 수도 있습니다, 자신만의 어떤 트라우마가 있어서 그냥 당신 같은 사람을 멀리하는 것일 수도 있고요. 이유는 이렇게 얼마든지 다양할 수 있습니다.
그러니 당신을 불편하게 대하는 사람이 있어도 당신 자신에게서 그 이유를 찾으려 하지는 않았으면 좋겠습니다. 행여나 자책하지 않았으면 좋겠습니다. 당신을 불편하게 대하는 건, 당신의 문제가 아니라 그 사람의 문제일 수 있습니다. 더욱이 당신이 노력을 했음에도 상대방이 당신에게 거리를 둔다면 그것은 더욱더 확실히 당신의 문제가 아닙니다.

로마 제국의 제16대 황제이자 철학자였던 마르쿠스 아우렐리우스Marcus Aurelius도 이런 말을 했습니다.

"누군가가 나를 경멸한다면 그것은 그 사람이 알아서 할 일이다. 내가 할 일은 경멸받을 만한 말이나 행동하지 않는 것이다. 누군가가 나를 미워한다면 그것은 그 사람이 알아서 할 일이다."

당신은 다가가기 위해 노력을 해보았지만, 상대방이 거리를 좁혀주지 않을 땐 이렇게 생각해봅시다.

'난 좀 더 친해지려고 다가가 봤는데 그 사람이 거리를 두네. 뭔가 이유가 있겠지. 적어도 내가 뭔가 잘못한 것 같지는 않다. 그 사람의 문제다. 나는 할 만큼 했다.'

이런 생각을 하고 관계를 최소화하는 것입니다. 꼭 필요한 경우에만 접촉하는 것입니다. 그렇게 해도 큰일은 벌어지진 않더군요. 그렇게 해도 큰 문제는 없습니다.

당신도 그렇게 지내다 보면 불편함이 점점 무뎌질 것입니다. 그 사람이 동료일수도, 팀장님일수도, 거래처 사람일 수도 있습니다. 결국엔 언젠가 안 볼 사람들입니다. 언젠가는 당신이 떠나든 그 사람들이 떠나든 할 것입니다. 그러니 불편한 사람이 있을 땐 그런 식으로 생각하면 좋겠습니다. 그렇게 담담해지는 연습을 하면 좋겠습니다. 불편한 사람 때문에 너무 불편해하지 않았으면 좋겠습니다. 혹시라도 자신을 탓하거나 이상하게 생각하지 않았으면 좋겠습니다.

10

나는 왜 그를
거절하지 못할까?

> 거절할 것이라면 처음부터 거절하는 것이 친절하다.
>
> _ 푸블릴리우스 시루스(고대 로마 시인)

'이 부탁을 내가 꼭 들어줘야 하나 나도 힘든데…'
'그렇다고 부탁을 들어주지 않아 나를 싫어하면 어쩌지?'

회사생활을 하면서 부탁을 하게 되는 경우도, 부탁을 받는 경우도 많습니다. 부탁 때문에 난처한 일도 많이 생깁니다. 저는 부탁을 받으면 보통 이런 상반된 생각이 들었습니다.

'이런 걸 나에게 부탁하다니.
내가 이 일을 잘할 것이라고 믿는 모양이네.'
vs
'이런 걸 나에게 부탁하다니. 나를 무시하나?'

　부탁받는다는 것은 어떻게 보면 기분 좋은 일인 것 같기도 하고, 어떻게 보면 기분 나쁜 일인 것 같기도 했습니다. 기분 좋은 부탁, 기분 나쁜 부탁이 따로 정해져 있진 않으니까요. 느끼는 사람의 마음이 중요한 거죠. 문제는 속마음과 행동이 다를 때입니다. 속으로는 '이 부탁 들어주기 싫다.' '이건 내가 할 일이 아니다.' '이 부탁을 들어주기엔 나도 내 코가 석자다.'라는 생각이 들지만 겉으로 말합니다. "아 네 알겠습니다. 제가 해드리겠습니다." 속으로는 'No!' 라고 말하고 겉으로는 'Yes~'라고 말하는 이유는 무엇일까요?

　'나는 착한 사람으로 보이고 싶다.'라는 무의식적 욕구가 작용했을 수 있습니다. 착한 사람으로 남고 싶어서, 좋은 사람으로 남고 싶어서 말이죠. 부탁을 거절한다면 상대방이 나를 좋지 않게 볼까 봐, 당신을 싫어하게 될까 봐 그럴 가능성입니다. 저는 그런 마음이 컸던 것 같습니다.

무리해서라도 부탁을 들어주려는 마음

심리학에는 '착한 아이 콤플렉스Good boy complex'라는 개념이 있습니다. '착한 사람'의 이미지를 유지하기 위해 다른 사람의 말을 과도하게 수용하거나 따르는 행동 패턴을 의미합니다. '나는 착한 사람으로 보여야 한다.'라는 일종의 강박관념입니다. 어렸을 때 부모나 양육자에게서 제대로 된 사랑이나 관심을 받지 못한 아이가 그대로 성인이 된 경우 이런 증상이 생길 수 있습니다.

물론 부탁을 쉽게 거절하지 못하는 사람 모두가 어렸을 때 제대로 된 사랑을 받지 못했다고 할 수는 없겠죠. 다만 스스로 생각하기에 '내가 다른 사람들의 부탁을 너무 잘 거절하지 못한다.', 'No라고 말하는 것 자체가 두렵다.', '부탁을 들어준다고 하고 후회한 경우가 대부분이다.'라는 생각이 든다면 한 번쯤 진지하게 생각해봐야 할 일입니다.

이렇게 생각을 해보죠. 부탁을 하는 사람의 입장에서는 어떨까요? 여러분이 부탁을 거절하면 상대방은 당신을 정말 싫어할까요?

그것은 알 수 없습니다. 상대방의 부탁을 거절해서 당신에 대해 안 좋은 감정을 가질 수도 있고요. 부탁을 거절해도 당신에게 별 감정이 없을 수도 있습니다. 정답은 상대방만이 알 수 있습니다.

더군다나 그 사람과의 좋은 관계를 위해 들어주기 싫은 부탁까지도, 들어주기 힘든 부탁까지도 들어줘야 할까요? 싫은데도 억지로요? 그렇게 부탁을 들어주며 발생하는 당신의 안 좋은 감정은 어떡할까요? 상대방의 감정만 중요하고 당신의 감정은 중요하지 않을까요? 당신의 감정을 당신이 챙기지 않으면 누가 챙겨줄까요?

상대의 부탁보다 당신 자신의 감정을 먼저 챙기는 것이 우선입니다

———

상대방의 감정이 중요하듯, 당신의 감정도 중요합니다. 상대방의 감정에만 신경 쓰고, 당신 자신의 감정에는 신경 쓰지 않는다면 나중에 더 큰 문제가 발생할 수 있습니다. '좋은 게 좋은 것'이라며 상대방의 부탁과 감정에만 신경 쓰다 보면, 당신의 감정과 당신 자신은 '좋은 게 아닌 나쁜 것'이 될 수도 있다는 말입니다.

당신이 상대방의 부탁을 거절한다 해도 그것이 어떠한 큰 문제가 되지 않고, 도덕적·윤리적·법률적으로 문제가 없다면 용기를 내시면 좋겠습니다. "죄송한데, 그 부탁을 들어드리기는 어려울 것 같습니다."라고 말하는 용기를요.

부탁을 들어드리기 힘든 명백한 사유나 대안을 곁들여 말한다면 용기를 내는 데 도움이 될 것입니다.

"제가 그 부탁을 들어드리면 좋긴 한데요. 그때는 제가 다른 일정이 있어서요. 그 정도는 영상을 참고하셔서 스스로 해보셔도 문제없을 것 같아요."

부탁을 거절했다고 안 좋은 감정을 드러내는 사람이 주위에 혹시 있나요? 그런 사람과는 적당히 거리를 두시길 추천합니다. 그렇게 해도 괜찮습니다. 그런 사람이라면 어차피 가까이할 필요가 없기 때문입니다. 언제나 그 사람의 부탁을 들어줄 수는 없습니다. 그런 상황을 이해하지 못하는 사람과는 적당한 거리를 두며 지내는 편이 나을 수도 있다는 생각입니다.

물론 그 사람이 팀장님이거나 회사에서 중요한 사람일 수 있습니다. 적당히 거리를 두기엔 너무 가깝고 중요한 분들이죠. 무작정 거절하기 힘들 수 있습니다. 그럼에도 당신보다는 중요할 수 없습니다.

부탁은 말 그대로 부탁입니다. 당신이 들어주고 싶고, 당신이 감당할 수 있는 범위 안에서 들어주는 것이 부탁입니다. 그렇지 않으면 당신 자체가 힘들어지거나 무너져 내릴 수 있습니다. 범위를 넘어서면 허세虛勢가 되고 만용蠻勇이 됩니다. 부탁을 들어주는 상황에서도 당신이 먼저 고려되어야 합니다. 당신 자신을 먼저 챙겨주셨으면 하는 저의 이 부탁은 꼭 들어주셨으면 좋겠습니다.

11

내 인사를
받지 않는 사람이 있다?

> 그대는 그들을 넘어서 간다. 그러나 그대가 높이 올라가면 갈수록 질
> 투의 눈은 더욱더 그대를 작은 사람으로 본다. 한편 날아가는 자는
> 가장 미움을 받는다.
>
> _프리드리히 니체(독일 철학자)

최근에 이런 일이 있었습니다. 계단을 올라가는데 한 동료가
복도를 지나갔습니다. 그와 눈이 마주쳤습니다. 저는 가볍게 인
사를 하려 했습니다. 그런데 그분이 그냥 '쌩'하고 지나가셨습
니다.

'뭐지? 날 못 봤나? 아닌데, 분명 봤는데. 날 싫어하나?'

그분과 그리 친한 사이는 아니었습니다. 얼굴만 알고 지내는 정도였습니다. '아무리 그래도 인사는 하고 지낼 수 있는 거 아닌가?' 하는 생각을 지울 수 없었습니다. 인사를 할 만한 상황에서 인사를 나누지 못한다는 건 은근히 신경 쓰이는 일입니다. 특히 직장에서는 더 그렇죠.

여러분도 이런 비슷한 경험 없었나요? 누군가가 당신이 건네는 인사를 받지 않는다면 분명 신경 쓰이는 일입니다. '내가 뭐 잘못한 거 있나?'하는 생각이 들 수 있습니다.

그런데 말이죠. 회사에서 이런 순간을 맞는다면 이런 생각을 해보시면 좋겠습니다. '모든 사람의 행동에는 그럴 만한 이유가 있다.'고 말이죠. 그리고 '그 이유가 당신 때문에 그런 것이 아닐 수 있다.'는 점을 말이죠.

그 사람이 당신과 인사를 나누지 않는 이유가 반드시 당신 때문에 그런 것은 아닐 수 있습니다. 그가 오늘 그냥 기분이 안 좋을 수도 있고요. 또는 고민이나 생각에 몰두해 있는 상황이었을 수 있습니다. 어쨌든 당신에게 원인이 있는 것이 아닐 수 있다는 말입니다.

상대가 인사를 받지 않는 것은 당신 때문에 그런 것이 아닙니다

상대방의 인사를 놓친 경험에 관한 연구가 있습니다. 캘리포

니아 대학의 언어학과 존 리즈John Rees교수와 그의 동료 연구자가 '인식의 엔진'이라는 주제로 수행한 연구가 있습니다. 이 결과에 따르면, 상대방의 인사를 놓치는 가장 큰 이유는 '상대방 자체를 인지하지 못해서'가 가장 많았습니다. 다른 이유로는 '너무 바빠서', '다른 생각을 하느라', '수줍어서', '인사를 하는 것이 서툴러서'였습니다. 물론 의도적으로 못 본 체 인사를 않는 경우도 있었습니다. 중요한 것은 상대방이 인사를 안 받는 경우는 이렇게나 다양하다는 점입니다.[5] 반드시 당신 때문에 그런 것은 아니라는 점입니다.

영국에서 실시한 비슷한 연구결과도 있습니다. 약 2,400만 명의 패널을 보유한 영국 온라인 전문 설문조사업체 유고브 YouGov에서 설문조사를 실시했습니다. 이 결과에 따르면, 응답자의 약 30%는 상대방과 인사를 나눌 수 있는 상황에서도 일부러 상대방을 못 본척한다고 응답했습니다. 이렇게 하는 이유는 '기분이 좋지 않아서', '스트레스를 받아서', '인사를 건네는 사람과 인사를 하고 싶지 않아서'라고 밝혔습니다.[6] 여기서도 '반드시 당신 때문에 인사를 하지 않는 것은 아니다.'라는 점을 알 수 있습니다.

그러므로 설령 상대방이 당신의 인사를 받지 않았다 하더라도 그것 때문에 너무 스트레스는 받지 마세요. 그것 때문에 너무 큰 신경을 쓰지 않았으면 좋겠습니다. '잘못이 나에게 있다.', '내가 무언가를 잘못해서 그런 것이다.' 같은 생각은 혹시라도 하지 않았으면 좋겠습니다. 그렇게까지 신경 쓰지 않아도 괜찮습니다.

그런데 만약 그가 같은 팀에 있거나 같은 층에 있어서 자주, 정기적으로 보는 사람이라면 어떨까요? 그런 만큼 신경을 안 쓰기는 어려울 것입니다. 가끔 보는 사람도 아니고 매일 같이 마주치는 사람일 테니 말이죠. 인사 하나 제대로 나누지 못하고 있다면 정말 답답할 겁니다. 그럴 때는 용기를 내 그 상황을 해결하기 위한 시도를 해보는 것도 좋은 방법이 될 수 있습니다. 예를 들어, "○○○씨, 요즘 표정도 좀 어두워 보이고, 내가 인사를 해도 인사를 잘 안 받아 주시는 것 같던데 혹시 요즘 무슨 일 있으신가요? 걱정돼서요." 이러한 접근방식은 그에게 상대방 자신의 행동을 설명할 기회를 제공함과 동시에 '나는 당신을 도와주고 싶다.'라는 메시지를 전달하는 효과가 있죠. 일석이조—石二鳥인 셈입니다.

만일 여러분의 이러한 노력에도 불구하고 그가 지속적으로 여러분을 못 본 체 하거나 인사를 나누지 않는다면? 그땐 그냥 여러분도 무시하는 것이 좋을 것 같습니다. 여러분도 이미 할 만큼 했다고 생각하기 때문입니다. 그렇게 노력을 했는데도 상대방이 계속 그러한 태도를 보인다면 아예 신경을 쓰지 않는 것이 낫겠습니다.

그 시간에 차라리 여러분과 인사를 잘 나누고, 더 잘 통하고, 따뜻한 마음을 나눌 수 있는 사람에게 더 집중하시기 바랍니다. 어차피 이 세상 모든 사람이 내 마음처럼 움직여주는 것은 아닐 테니까요. 할 만큼 했는데도 상대방의 행동에 변화가 없다고 생각되시면 그만해도 괜찮습니다. 그래도 미련이 남으신다면 이런 방법도 있습니다. 그 사람이 인사를 받건 받지 않건 여러분은 그냥 인사를 하는 것입니다.

내가 하는 나를 위한 인사

제가 근무하던 사무실에 K 씨가 있었습니다. K 씨는 20대 중반 여성으로, 사무실의 막내였는데요. 아침 출근시간에 K 씨가 팀장님께 인사를 하면 팀장님은 절반 정도는 인사를 받지 않았습니다. 그 이유는 아무도 모릅니다. 3년이 다 돼가는 지금도 모릅니다. 막내가 인사를 건네는 것을 인지하지 못했던 것인지, 다른 생각에 빠져 있었던 것인지, 일부러 인사를 안 받는 것인지 모릅니다. 초반에는 K 씨도 신경이 많이 쓰였습니다. 표정도 어두웠습니다. 자신이 뭔가 잘못한 것이 있나, 자신이 밉보인 것이 있나 고민을 했었죠. 그런데 어느 날인가부터 그 K 씨 표정이 갑자기 밝아졌습니다. 사무실에 들어올 때 모두에게 반갑게 인사하고 자기 할 일도 열심히 했죠. 갑자기 그렇게 된 이유가 궁금해서 제가 한번 물어봤습니다.

"K 씨, 팀장님이 인사를 잘 받아 주지 않는 것 같아 스트레스를 받았던 것 같은데 어떻게 그렇게 갑자기 표정이 밝아졌어요?"

"아 네 별거 아녜요. 인사할 때 이렇게 생각하기로 했거든요. '넌 인사 받지 마라, 난 내 기분을 위해서 한다' 라고요."

이 말을 듣고 궁금점이 한번에 풀렸습니다. 그렇습니다. 인사는 상대방을 위해서 할 수도 있지만, 나 자신을 위해서 할 수도 있다는 점을 깨달았습니다. 내 마음을 위해서, 내 기분을 위해서 남에게 인사를 할 수도 있지요. 여러분도 인사가 어색한, 인사를 잘 받지 않는 사람이 있다면 그냥 자신을 위한 마음으로 인사한다 생각하시고 행동하는 것도 괜찮겠습니다. 불편한 사람이 있어도, 인사를 잘 받지 않는 사람이 있어도, 내일은 남을 위한 인사가 아닌 내 마음과 내 기분을 위한 인사를 한다는 마음으로 인사를 건네보면 어떨까요?

12

회의에서 내가 말만 하면
토를 다는 그녀는 무엇?

> 내가 어리석은 말을 하면, 그들은 내가 말하는 것을 인정한다. 그러
> 나 내가 바른말을 하면, 그들은 나를 비난하려고 든다.
>
> _ 괴테(독일 문학가)

"저 인간 짜증나네. 내가 말만 하면 반대야."

회사에서는 회의를 자주 합니다. 회의는 다양한 사람들의 의
견을 교환하는 자리입니다. 물론 회의에서 일반적으로 가장 높
은 사람이 가장 많은 얘기를 하시겠지만요. 어쨌든 다른 사람들
도 하나둘씩 의견을 냅니다. 그런데 그럴 때 꼭 밉상이 등장합
니다. 내 의견에 반박하고 토를 다는 사람이죠. 여러분 주위에

도 이런 사람이 있나요?

그럴 땐 이런 생각이 들기도 합니다.

'저 사람이 나의 의견에 대해 반대를 하는 걸까? 아니면 그냥 나라는 사람 자체를 반대하는 걸까?'

물론 그 사람의 속마음은 알 수 없습니다. 내 의견을 싫어하는 건지, 나를 싫어하는 것인지 말이죠. 그런데 사실 우리도 누군가와 의견을 나눌 때 상대방의 의견 그 자체만을 구별하여 평가하기는 어려운 듯 합니다. 우리도 사람이니 아무래도 감정이 개입될 수밖에 없죠. 그 사람에 대한 호감도나 그 사람이 말하는 태도에 따라 우리의 생각이나 태도도 영향을 받을 수밖에 없습니다.

저도 실제로 그랬습니다. 어떤 사람이 회의에서 의견을 냈을 때 제가 평소 그에게 친밀감을 느끼고 있다면? 웬만하면 좋게좋게 피드백을 해줬습니다. 반대 의견보다는 동조 의견을 냈습니다. 반면, 평소 싫어하거나 밉상이라고 생각한 사람이 의견을 얘기하면, 토를 달거나 다른 사람에게 그의 의견이 무시되길 속으로 은근히 바랐습니다. 저도 사람인지라 어쩔 수 없었습니다.

이처럼 누군가 당신의 의견을 반대하기만 한다는 생각이 든다면, 그는 당신의 의견이 아닌 당신 자체를 반대하고 있는 것인지도 모릅니다. 이러한 마음을 이해하는 데 참고할 만한 심리학 이론이 하나 있습니다. '사회적 정체성 이론Social identity theory'이란 개념입니다. 이 이론에 따르면, 사람은 자신이 어디에 소속되어 있는지, 즉 소속감을 기본적으로 중요시한다고 합니다. 자신과 같은 그룹에 있다고 생각되는 사람에게 더 긍정적인 태도를 보이는 이유입니다.

만약 어떤 사람이 당신의 의견에 당신이 이해할 수 없을 정도로 반대만 퍼붓는다면, 그는 당신을 자신과 다른 그룹에 속해 있는 사람이라고 판단하고 있을 수 있습니다. 당신으로서는 억울할 수도 있겠죠. 당신이 그와 다른 편이 되고 싶어서, 다른 그룹에 있고 싶어서 그런 것이 아닐 수도 있을 테니 말이죠. 그 사람이 생각하는 '네 편 내 편'을 구분하는 기준이 뭔지도 모를 수 있습니다. 어쩌면 단순히 팀이 달라서, 사업부가 달라서, 입장이 달라서, 출신학교가 달라서, 성별이 달라서 당신을 다른 편으로 규정하고 무턱대고 반대부터 하는지 모릅니다. 아무도 모릅니다.

그럼 당신의 입장에서는 어떻게 해보면 좋을까요?

첫 번째 방법은 당신이 그 사람과 같은 그룹에 속해 있는 사람이라고 느끼도록 시도해볼 수 있습니다. 나이, 근무 경력, 관심사, 취미, 가족관계 등 다양한 분야에서 유사성을 느끼도록 접근해보는 겁니다. '유사성의 법칙law of similarity'에 따르면, 사람은 누구나 비슷한 점이 있다고 느끼는 대상에게 친밀감, 호감을 느끼기 마련이니까요. 그런데 이런 노력이 귀찮게 느껴진다거나 상대의 반대 행위가 견딜 만하다면? 그냥 그렇게 지내시는 것도 괜찮습니다.

당신 자신에게, 자신의 의견에 문제가 있다고만 생각할 필요가 없는 이유

두 번째 방법은 여러분의 생각을 바꿔 보는 것입니다. 어쩌면 그가 당신의 의견에 사사건건 반대하는 것은 단순히 그의 스타일일 수도 있다고 말이죠. 상대방은 원래 그런 식으로 자신의 의견을 표현하는 사람인 것이죠. 어떤 사람들은 논쟁 자체를 좋아하고 대치되는 상황 자체를 선호하는 사람일 수 있거든요. 이런 사람은 당신이 말하기만 하면 '이때다' 싶어 일단 반대부터 합니다. 예상되는 단점, 문제점을 수없이 나열하죠. 이렇게 하는 것이 '자신은 열정적으로 회의에 참여하고 있는 것이고 열심히 일하고 있다.'라는 메시지를 주는 것이라 믿고 있을 수도 있습니다. 반대하며 자신의 존재감을 느끼고 보람을 느끼는 독특한 소통방식의 소유자일 수 있습니다.

또는 이런 이유일 수도 있습니다. 자신의 지식과 경험을 뽐내기 위해서죠.

제가 회사에 다닐 때 회의 때마다 이런 식으로 늘 말하는 차장님이 한 분 계셨습니다.

"최 과장님, 그거 제가 해봤는데 안 돼요. 그건 브랜드 측에서 어렵다고 할 거예요."

"최 과장님, 그건 안 돼요. 왜냐하면, 옛날에도 시도했던 건데 결국 안 됐거든요."

이런 얘기를 처음 들었을 땐 '그래 그럴 수도 있겠다.' 싶었습니다. 그런데 계속해서 회의 때마다 그런 식으로 "안 된다, 해봤다" 말씀하시는 것을 보고 나중에는 이런 생각을 했습니다.

'안 된다고 하시는 차장님만 안 계시면 될 것 같아요.'

그분은 연차가 높은 만큼 많은 경험이 있었습니다. 많은 경험이 있는 만큼 실패의 경험도 많았습니다. 하지만 자신의 실패경험으로 누군가의 시도를 막는 셈이었습니다. 이런 부류의 사람들이 여러분의 주위에 많다면 좌절감을 자주 느낄 수 있습니다.
어쨌든 여러분도 주위에 여러분을 반대하기만 하는 사람이 있다면, 논쟁 자체를 좋아하거나 자신의 지식이나 경험을 뽐내기 좋아하는 사람이라고 생각하셔도 무방합니다. 그러므로 처음부터 여러분 자신의 의견에 문제가 있다고 생각하실 필요는 없습니다. 그렇게 생각하지 않으셔도 괜찮습니다. 혹시라도 이런 점 때문에 주눅이 들지 않으셨으면 합니다.

13

상대의 공격적 말투에 휘둘리지 않는 법

> 눈앞에 일어나는 일에 휘둘리지 마라. 그 현상이 이야기하는 들리지 않는 언어를 감지하라.
>
> _ 노자(중국 사상가)

"○○ 씨 휴가랑 내 휴가가 겹쳐서 제 휴가 일정을 변경하게 된 상황이 좀 그러네요."

"○○ 주임님, 이미 출력까지 해둔 회의자료를 다시 수정하신 다고 하니 이 상황이 참 답답하네요."

"○○ 씨가 팀장님에게 했던 말 때문에 팀장님이 저를 오해하게 된 이 상황이 좀 그렇네요."

회사에서 이런 말을 듣는다면 짜증이 나고 화가 날 수 있습니다. 당장 반박하고 싶어지고 뭐라 한 마디하고 싶습니다. 그런데 그럴 때마다 이런 감정을 표현하기는 쉽지 않겠죠. 이럴 때 이런 마음을 다스릴 방법 한 가지가 있습니다. 상대가 감정을 느끼는 대상과 나를 분리하여 생각해보는 것입니다.

위의 대화에서 저런 말을 한 사람들이 답답하게 생각하는 대상은 무엇일까요? 가만히 생각해보면, '내'가 아니고 '상황 그 자체'라는 점을 알 수 있습니다. 즉, 나에 대해 뭐라고 하는 것이 아니라 상황에 대해 뭐라고 하는 것입니다. 물론 그러한 상황이 벌어진 것에 대해 '내'가 이바지한 부분이 있을 수 있겠죠. 하지만 어쨌거나 상대방이 답답하게 느끼는 대상은 '당신'이 아닐 수 있습니다. 이런 생각을 할 수 있다면 여러분의 마음은 그나마 덜 격분되고 더 잘 진정시킬 수 있습니다. 동요하지 않고 침착할 수 있습니다. 일단은 '감정적'을 '이성적'으로 다스릴 수 있기 때문이죠.

상대가 공격하는 상황에서
나를 분리시키기

제가 실제로 겪었던 일입니다. 인천 을왕리에 가족여행을 갔습니다. 제가 운전을 해서 가는 중이었는데 아이들이 길거리 간식을 파는 모습을 보고 사 먹고 싶다고 했습니다. 초등학생이라

어쩔 수 없다고 생각했습니다. 잠시 차를 멈추고 아이들을 길거리 음식 가게 앞에 내려주었습니다. 저는 아내와 차 안에서 아이들을 기다렸습니다. 잠시 후 아이들이 치킨팝(길거리 음식의 일종)을 들고 차에 탔습니다. 그런데 아이들의 손에 어떤 물건이 들려 있었습니다. 아들의 손에는 구둣주걱이, 딸의 손에는 조그마한 인형이 있었습니다.

'응? 이게 뭐지?'

그게 뭐냐고 아이들에게 물어봤습니다.

알고 보니 아이들이 치킨팝을 기다리던 중 옆에 있던 뽑기 게임을 했던 것이었습니다. 그 물건들은 뽑기 게임의 경품이었고, 게임비는 한 번에 5천 원이었던 것입니다. '손바닥만 한 인형', '쥐도 안 쓰는 구둣주걱'을 5천 원씩 주고 산 셈이었습니다. 저는 그 순간 그 상황이 몹시 짜증이 났고, 아들 녀석(초등학교 6학년)에게 울화가 치밀어 올랐습니다. 아들에게 느껴지는 분노를 최대한 참으며 인형과 구둣주걱을 달라고 했습니다. 차에서 내려 그 가게로 들어갔습니다.

"저 죄송한데 이거 환불될까요? 아이들이 엄마 허락도 안 받고 이렇게 했네요. 죄송합니다."

가게 종업원은 지금 사장님이 안 계신다고 둘러댔습니다. 저는 그럼 사장님을 기다리겠다고 했습니다. 결국 10분만에 사장이 나타났습니다. 종업원에게서 미리 전해들었는지 1만 원을 바구니에서 꺼내어 주며 제게 말했습니다. 어두운 표정으로요.

"아침부터 참 거지 같은 일이 다 있네요, 그렇죠?"

순간 '이게 뭐지? 나한테 하는 말인가?' 했습니다. 귀를 의심했습니다. 이게 무슨 상황인가 싶었습니다.

'지금 뭐라고 말한 거지? 뭐? 거지?'

순간 황당하고 어이없어 저도 일단 말을 내뱉었습니다.

"아니 사장님 뭐라고요? 말씀을 뭐 그렇게 하세요?"

사장은 가게 안아마도 가정집과 연결된으로 들어가 버렸습니다. 그 사장에게 미친 듯 퍼붓고 싶어도 그럴 수 없게 되었습니다. 순간 화도 나고 황당했지만 별수 없으니, 일단 차에 올라탔습니다. 다시 출발했습니다. 그 사장의 말이 계속 귓가에 맴돌았습니다. 화가 쉽게 가라앉지 않았습니다. 마음이 진정 되지 않았습니다.

'지금이라도 차를 돌려 다시 거기로 가서 한바탕할까?'

이제는 돈이 문제라는 생각이 안 들었습니다. 화가 점점 나기 시작했습니다. 제 마음을 다스려야겠다는 생각을 했습니다. 그러다 문득 이런 생각이 들었습니다.

'그 일, 즉 그 상황이 거지같다고 한 거잖아. 내가 거지같다고 한 게 아니잖아. 상황이 거지같다고 생각하는 건 지 마음이지.'

이렇게 생각하니 마음을 좀 진정시킬 수 있었습니다. 상대가 공격하는 대상과 나를 분리해서 생각하니 화를 좀 가라앉힐 수 있었습니다. 그러면서 이렇게 되받아쳐주지 못하고 온 것이 못내 아쉬웠습니다.

"아, 사장님은 그렇게 생각하시는군요. 네 저도 이 일이 거지 같아요."

이렇게 얘기를 했다면 그 사장님이 어떻게 반응을 했을지 궁금했습니다. 그러면서 혼자 엷은 미소를 지었습니다.

여러분도 혹시 회사에서 화가 날만 한 말을 들었다면 무조건 같이 화부터 내지 마시고, 이런 생각을 먼저 해보시면 어떨까요?

'저 사람이 뭐라 하는 건 이 상황 자체이지, 내가 아니다.'

이번에는 좀 다른 상황을 가정해보겠습니다. '아무리 생각을 해봐도 이건 나한테 하는 말이지, 상황에 대해서 하는 말이 아니다.'라는 생각이 들 때가 있습니다. 즉 상대가 나에게 하는 말임이 확실하고, 그 말에 대해 자신이 격분할 수 있는 상황이라면? 어떻게 하면 좋을까요?

이럴 때는 나를 위해, 나 좋을 대로 해석하는 것도 괜찮습니다. 그럴 땐 상대의 그 말에 대한 해석을 내가 화가 나지 않는 방향으로 해석해보는 것입니다.

상담심리학의 '인지평가이론Cognitive Appraisal Theory'은 어떤 상황에 대한 감정은 그 상황에 대해 어떻게 생각하는지, 즉 '인지평가'에 의해 결정된다고 말합니다. 우리가 그 상황을 어떻게 느끼냐에 따라 그 상황에 대한 해석이 달라지는 것입니다. 예를 들어, 우리가 어떤 상황을 위협적이라고 느끼면 우리는 공포심, 불안감, 반항심, 적대감을 느낍니다. 우리가 어떤 상황을 도전적인 상황이라 느끼면 의욕이 샘솟는 감정을 느낄 수 있습니다.

회사에서의 한 가지 상황을 가정해보겠습니다. 영업팀 최 과장은 출장을 다녀왔고, 출장비를 회사에 청구해야 하는 상황입니다. 나름 열심히 준비해서 출장비 정산결제를 재무팀에 올렸습니다. 재무팀 담당자의 사내 메신저가 들어 왔습니다.

재무팀 대리

> 최 과장님, 출장비 증빙 서류, 이거 한 장만 제출 가능하신 거예요?

이때 여러분은 어떤 감정이 느껴지나요? 이 상황을 최 과장이 느끼기에 재무팀 대리가 자신을 공격하려 하는, 질책하려는 상황으로 해석한다면, 최과장은 이런 반응이 나올 수 있습니다.

"네. 그런데요. 왜요? 문제가 되나요?"

공격받을 것 같은 느낌에 자신도 모르게 말이 먼저 세게 나간 경우죠. 그럼 재무팀 대리의 입장에서도 기분이 나빠져 당신을 더 공격적으로 대할 수도 있습니다. 당신만 괜히 출장비 정산을 늦게 받을 수도 있습니다. 이럴 땐 최 과장은 의도적으로 이렇게 해석해보는 겁니다. '재무팀 대리가 나 출장비 제때 받게 해주기 위해 빠진 서류를 점검해주나 보다.' 그럼 최 과장은 이런 반응을 좀 더 편하게 할 수 있습니다.

최 과장

네. 그런데 제가 혹시 빠뜨린 서류가 있나요? 알려주셔서 감사합니다. 빠진 서류 말씀해주시면 바로 준비해서 다시 올리겠습니다.

제가 재무팀 대리라면 조금이라도 더 빨리 최 과장에게 도움을 주고 싶을 것 같아요. 물론 재무팀 대리의 진짜 의도는 모릅니다. 최 과장에게 질책성 메신저를 준 건지, 도움을 주려 했던 것인지 아무도 모를 수 있죠. 중요한 것은 최 과장은 후자로 생각했다는 점입니다. 자신에게 도움을 주려 한 것이라고 최 과장이 생각했다면, 최 과장은 그만큼 부드러운 반응을 할 수 있었을 겁니다. 부드러운 반응은 출장비의 원활한 입금으로 이어지게 될 것이고요.

여러분도 이러한 생각가짐, 마음가짐을 실제로 직장에서 한번 활용해봤으면 좋겠습니다. 상대의 똑같은 말과 행동에도 당신이 그 상황을 어떻게 해석하느냐에 따라 좀 더 격한 반응이 나갈 수도, 좀 더 부드러운 반응이 나갈 수도 있다는 점을 기억해보시기 바랍니다. 이왕이면 당신의 부드러운 반응이 상황을 더 부드럽게 만들어줄 것입니다. 격하게 해석할 수 있는 상황을 부드럽게 생각해도 당신에게는 더 괜찮을 수 있습니다.

누군가 나에게
반감을 갖는 이유?

> 세상에서 가장 어려운 일은 사람의 마음을 얻는 일이란다. 각각의 얼굴을 가지고 각각의 마음에서 수만 가지 생각이 떠오르는데 그 바람 같은 마음을 머무르게 하는 건 정말 어려운 일이란다.
>
> _ 생텍쥐페리(프랑스 문학가)

'저 사람은 왜 내게 적대적일까?'

'내가 저 사람에게 잘못한 것이 있나?'

'저 사람은 왜 나를 싫어하는 것 같지?'

회사에서 대인관계는 중요한 요소입니다. 사람 때문에 기분이 좋아지기도 하고, 사람 때문에 스트레스를 받기도 합니다.

누군가가 나에게 안 좋은 감정이 있다고 느껴질 때가 있습니다. 내가 말만 하면 못 들은 척하고, 눈도 마주치지 않고, 지나가다 마주쳐도 아는 척도 안 하는 사람이 있을 때가 있죠. '내가 무얼 잘못했나?'하는 생각이 들기도 합니다.

나도 모르는 이유로 누군가가 나를 시기할 수 있다

———

　회사 다닐 때였습니다. N 과장이 있었습니다. 저는 기본적으로 누구를 만나면 호의를 가지고 좋게 행동하려고 해요. 좋은 게 좋은 거잖아요. 그런데 그 사람은 달랐습니다. 유독 저를 불편해하는 것 같았습니다. 제가 말을 건네면 단답식으로 대답하거나 슬슬 자리를 피하는 것이 느껴졌습니다. 처음엔 '원래 이런 사람인가?' 했습니다. 그런데 다른 사람들하고는 잘 어울렸습니다. 잘 웃기도 하고 얘기도 잘 나누는 듯했습니다. '그런데 도대체 나한테는 왜 그럴까?' 의아했습니다. 저도 사람인지라 나중에는 저도 그를 멀리하기 시작했습니다. 그 사람과 좋게 지내는 것을 포기했습니다. '저 사람이 나를 밀어내는데 내가 굳이 가깝게 지내야 하나?'라는 생각이 들었습니다. 결국, 마지막까지 그 사람하고는 끝까지 그렇게 불편했습니다. N 과장은 저한테 도대체 왜 그랬을까요?

　지금 생각해보면, 그는 저를 시기하고 질투한 것일 수도 있다고 생각합니다. 별로 특별하다고 생각하지 않는 저의 어떤 점이 그에게는 특별하게 느껴졌을 수도 있겠다라고 생각합니다. 저는 장점이라고 생각하지 않는 어떤 모습이, 누군가에게는 부러워할 만한 장점이 될 수도 있기 때문입니다. 그런 맥락에서 어떤 사람이 당신을 불편하게 여기고, 시기하고 있을 수 있습니다.

여러분 역시 그런 경험 없나요? 누군가의 학벌이 부러워서, 여유로운 집안이 부러워서, 직업이 부러워서, 외모가 부러워서, 빠른 승진이 부러워서, 좋은 부서가 부러워서 누군가를 괜히 미워하고 반대했던 경험말이죠. 그런데 정작 그 사람은 자신의 학벌, 집안, 직업, 외모, 승진, 부서 등이 평범한 수준이라 생각하고 있었을 수도 있는데 말이죠. 결국, 부러움은 상대적이라는 사실을 잊지 마세요.

심리학의 '사회적 비교편향Social comparison bias'은 자신의 능력, 가치, 외모를 다른 사람과 비교할 때 나타나는 인간의 일반적 경향을 말합니다. 우리는 종종 우리 자신을 우리보다 더 성공하고, 더 행복하고, 더 매력적이라고 생각하는 사람들과 비교하는 이유가 이 때문입니다. 자신보다 우월하다고 느껴지는 대상이나 사람에게 미움과 경쟁심을 느끼는 심리죠. 이러한 경향이 지나치게 되면 열등감을 느낄 수도 있습니다. 그런 관점에서 N 과장은 저의 어떤 모습에 대해 경쟁심과 미움을 느꼈을 것이라 생각합니다. 그렇게 생각하는 것이 제 마음이 편하기 때문입니다.

직장에서도 숨기기 힘든
질투와 시기

————

《하버드 비즈니스 리뷰》에서는 '직장에서의 질투가 악의로 바뀔 때'라는 제목으로 직장인들의 질투심에 대한 기사를 다룬 적이 있습니다. 이 기사는 영국 온라인 전문 설문조사업체 유 고브에서 미국 직장인 약 1,000명을 대상으로 한 설문조사 결과를 바탕으로 하고 있습니다. 이 결과에 따르면, 응답자의 약 49%는 "직장 동료에게 시기심과 질투심을 느끼고 있거나 느낀 적이 있다."고 말하였습니다. 그 이유로는 '동료가 승진했거나 동료에 대한 좋은 평가가 있기 때문에'를 가장 많이 꼽았고, '이 는 결국 자신의 직무 권한이나 연봉에 영향을 미치기 때문'이라 고 응답하였습니다.[7] 이처럼 누군가를 부러워하고 시기하는 감 정은 직장에서도 피할 수 없는 경향으로 보입니다.

철학자 버트런드 러셀은 《행복의 정복》에서 이렇게 말했습 니다.

"사람들이 흔히 쓰는 생존을 위한 경쟁이란 말은 실제로는 성 공을 위한 경쟁을 의미한다. 사람들은 경쟁하면서 내일 아침을 먹지 못할까 봐 두려워하는 것이 아니라, 옆 사람을 뛰어넘지 못할까 봐 두려워한다."

위의 설문조사 결과와 버트런드 러셀의 말에 따르면, 직장에서의 하루는 그냥 살아가는 하루가 아니라 경쟁에서 이기기 위해 살아가는 하루라는 생각이 듭니다. 그렇게 우리는 본능적으로 남을 이기기 위해 살아가고 있는 것인지도 모르겠습니다.

그 N 과장은 저보다 나이와 사회생활 경력은 많았지만, 저보다 직급은 낮았거든요. 자기보다 나이도 어리고 회사경력도 낮은데 제가 직급은 더 높았으니 '저를 불편하게 생각했을 수도 있었겠다.'라고 생각합니다. 그것이 사실이든 아니든 당시 저는 그렇게 생각을 합니다. 그렇게 생각하는 것이 마음 편하니까요.

직장은 생각보다 복잡한 경쟁이 난무하는 곳입니다. 당신은 경쟁할 마음이 없지만, 누군가는 당신을 경쟁상대로 보고 있을 수 있습니다. 당신은 경쟁할 생각이 없지만, 누군가는 지금, 이 순간도 당신을 이기기 위해 온 신경을 집중하고 있을 수 있습니다.

그러니 당신에 대해 차가운 시선을 거두지 않는 사람이 있다면, 당신과 거리를 두고, 대화도 피하고, 눈도 잘 안 마주치는 것 같은 사람이 있다면 그냥 이렇게 생각해보세요.

'그 사람이 나를 좀 꺼리는 것 같네. 난 저 사람에게 나쁜 감정이 없는데 왜 나를 싫어하는 것 같지? 나의 어떤 점을 시기하고 질투해서 그런가 보다. 그냥 최대한 신경 쓰지 말자.'

이런 생각이 그나마 여러분의 마음을 좀 더 편하게 만들어줄 것입니다. 잊지 마세요. 세상에는 의외로 당신을 부러워하고, 질투하는 사람들이 꽤 있습니다. 생각지도 못한 이유로 당신은 시기와 질투를 받을 수 있습니다. 당황스러울 수 있지만 그럴 가능성이 있습니다. 그래도 너무 당황하지는 마세요. 그래도 괜찮습니다. 당신은 잘못한 것이 없으니까요. 그 사람의 문제입니다. 당신의 편안한 마음을 응원합니다.

15

그 사람을 잘 알 것이라는 착각
vs
나를 잘 모를 것이라는 착각

> 우리가 뭘 몰라서 곤경에 빠지는 것이 아니라 확실히 알고 있다는 착각 때문에 곤경에 빠지는 것이다.
>
> _마크 트웨인(미국 문학가)

회사에서 어느 정도 사람들과 지내다 보면 '그 사람에 대해서는 내가 잘 안다.'라는 생각이 들 때가 있습니다.

'김 팀장님은 내가 잘 알지, 이런 식으로 일처리를 하면 좋아하실 거야.'
'박 대리님 스타일은 내가 잘 알지, 이렇게 해도 문제없겠지?'

그런데 예상했던 반응이 안 나와서 당황했던 적이 종종 있습니다. 평소 알고 있던 그 사람의 모습과 다른 반응이 나와서 말이죠.

'팀장님이 왜 그러시지? 내가 알던 팀장님이 아닌데?'
'엥 이상하다. 이 사람이 이렇게 나올 사람이 아닌데, 당황스럽네?'

나는 너를 알지만, 너는 나를 모른다?
———

저는 저도 모르게 주위 사람에 대해 어느 정도 잘 알고 있다고 믿고 있었던 것 같아요. 하루의 많은 시간을 함께 일을 하다 보니 그런 생각이 들었던 것 같습니다. 하지만 희한하게도 사람들은 저에 대해서 잘 모른다고 생각했던 경향이 있었습니다. 사람들이 저에 대해서 말하는 것을 듣고 있으면, '사람들이 나에 대해 잘 모르는구나!' 하고 생각하는 경우가 종종 있었거든요.

즉 저는 타인을 잘 알고 있다고 생각했고, 타인은 저를 잘 모른다고 생각했습니다. 이러한 경향을 설명하는 심리학 용어가 있는데요. '비대칭적 통찰의 착각Illution of asymmetric insight'이란 개념입니다. 자신은 상대방을 잘 알고 있다고 믿지만, 상대방은 자신을 잘 모르고 있다고 믿는 인지편향을 말합니다.

제가 가끔은 이러한 편향에 휘둘린다는 사실을 집에서도 깨달은 적이 있습니다. 저는 제 딸 세령이초등학교 2학년를 잘 알고 있다고 생각했습니다. 제 자식이니 잘 알고 있다고 무의식적으로 믿었던 것 같아요. 그녀는 평소 제게 애정표현을 잘 하지 않아 무뚝뚝한 편이라고 생각했습니다. 제 생일이었습니다. 언젠가부터 저는 제 생일에 큰 의미를 두지 않습니다. 나이 마흔 넘어서 생일을 꼬박꼬박 챙기는 것이 무슨 의미가 있을까 싶기도 했고요. 생일이지만 그냥 그렇게 평범한 하루를 보내고 있었습니다. 다른 날과 다를 것 없는 하루였죠. 그런데 세령이가 쓱 다가와 종이쪽지를 제게 쓱 내밀었습니다.

'아빠 생신 축하드립니다 엄마랑 싸우지 마세요.'

순간 머리로 뒤통수를 한 대 얻어맞은 기분이었습니다. 제 딸이 제 생일에 제게 손편지를 가져다 줄 것이라 전혀 기대하지 않았었거든요. 제 딸이 이 정도로 다정다감한 아이라고 생각하지 않았기 때문입니다. 평소 제 딸을 잘 알고 있다고 생각했던 저로서는 놀랍기도 했고 기분이 좋기도 했습니다. 또한 아내와 더 사이좋게 지내야겠다는 생각도 했습니다. '내가 아는 세령이가 세령이의 전부가 아닐 수 있구나.' 하는 생각을 했습니다.

이런 경험은 회사에서도 적용해볼 수 있을 것 같아요. 여러분이 알고 있는 직장동료, 선배, 후배, 팀장님이 여러분이 알고 있는 전부가 아닐 수 있습니다. 또한 여러분이 생각하는 것보다 사람들은 당신에 대해 잘 알고 있을 수도 있습니다. 그러니 '저분은 저런 사람이니까.' 하며 쉽게 단정 짓지 않는 것이 좋겠습니다. '사람들은 나에 대해서 잘 모르고 있다.'고 성급하게 판단하지 않는 것이 좋겠습니다. 쉽게 단정짓고, 성급하게 판단하는 것이 예상치 못한 난처한 결과를 가져올 수도 있습니다.

내가 알던 그 사람이 아니네!
———

미국의 33대 대통령 해리 트루먼도 이런 비슷한 경험을 한 적이 있습니다. 그는 제2차 세계대전 동안 스탈린당시 소비에트 연방의 지도자이 정치적 동맹이자 친구라고 생각했습니다. 전쟁이 끝나고 트루먼 대통령은 스탈린에게 세계평화 유지를 위한 국제기구를 만들자고 제안했습니다. 트루먼이 그동안 알아왔던 스탈린은 흔쾌히 그 제안을 승낙할 줄 알았던 거죠. 그만큼 스탈린에 대해 잘 알고 있다고 믿었습니다. 그런데 스탈린은 그 제안을 거부했습니다. 트루먼은 전혀 예상하지 못한 일이었습니다. 이 일을 겪은 후 트루먼은 나중에 역사에 남을 명언을 남깁니다.

"I thought I was the only man who knew what the hell was going on, but I guess I was wrong."
"나는 내가 어떤 일이 벌어질지 아는 유일한 사람이라고 생각했었다. 그런데 내가 틀렸던 것 같다."

트루먼 대통령도 이러한 비대칭적 통찰의 착각을 피하긴 어려웠나 봅니다. 우리는 다른 사람을 잘 알고 있다는 착각에 빠지지 않기 위해서 어떤 노력을 하면 좋을까요?

첫 번째, 공감하는 것입니다.

타인에 대해 잘 알고 있다는 생각을 줄이고 타인을 공감하기 위해 노력하는 자세가 필요합니다. 공감은 다른 사람의 감정을 이해하고 함께 나누는 능력이지요. 공감을 시도함으로써 여러분은 타인의 시각과 경험을 더 깊게 이해할 수 있습니다. 다른 사람의 말을 들어보기 위해 좀 더 많은 시간을 할애한다든지, 상대의 관점에서 생각해보는 것이 공감의 첫 단계입니다.

두 번째, 함부로 가정하지 않는 것입니다.

동료를 대할 때 '저 사람에 대해 내가 아직 잘 모르고 있는 부분이 있을 수 있어.'라고 생각하는 것입니다. 열린 마음과 태도로 접근하는 것입니다. 그 사람에 대해 지레짐작으로 끝내는 것이 아니라 궁금한 것이 있으면 되도록 물어보고 답을 들어봐야 합니다. 이를 통해 평소 자신의 생각과 어느 정도 일치하는지 확인해보는 시간이 필요합니다. 이 과정에서 상대방은 자신에 대해 물어봐주는 여러분에 대해 더 깊은 친밀감을 느낄 수도 있습니다.

'내가 알던 사람이 아니다. 사람이 변했다.'는 생각이 드는 사람이 있나요? 그건 그 사람이 변한 것이 아니라 당신이 그동안 그 사람의 다른 모습을 모르고 있었던 것일 수 있습니다. 그러므로 누군가를 만날 때, 누군가와 알고 지낼 때 그 사람을 잘 알고 있다는 생각은 잠시 접어두세요. 그렇게 하는 것이 그 사람에 대한 섣부른 판단을 피할 수도 있습니다. 더 가깝게 다가가려는 모습을 보여줄 수도 있는 겁니다.

또한 사람들은 당신에 대해 의외로 잘 알고 있을 수도 있습니다. 그러니 좀 더 열린 마을 갖고 동료를 대하면 좋겠습니다. 마음을 여는 만큼 사람들은 당신에게 더 친근감을 느끼고 뜻하지 않은 도움을 줄 수도 있습니다.

'그럴 줄 알았다.'면,
왜 진작 말해주지 않았나요?

때로 우리는 공감이란 것을 상대방을 기분 좋게 만드는 것이라고 착
각한다. 사실 공감은 상대방이 보고 싶은 것을 보게 하고, 말하고 싶
은 것을 말하도록 내버려두는 것인데 말이다.

_브레네 브라운(미국 작가)

오늘 한 뉴스를 보았습니다. 한 유명 연예인이 마약류프로포폴
투약 혐의로 조사를 받게 된다는 내용이었습니다. 그 뉴스를 보
며 저도 모르게 이런 생각이 떠올랐습니다.

'왠지 저럴 것 같더라니…저럴 줄 알았다.'

이후 이런 생각이 들었습니다.

'나는 정말 알고 있었던 걸까?'

아이들이 거실 테이블에 위에서 뭔가를 만들며 놀고 있습니다. 물과 슬라임을 섞어 정체불명의 액체를 만들었습니다. 그 모습을 바라보는 제 마음은 불안합니다. 아니나 다를까 그 괴상한 액체가 바닥으로 떨어집니다. 순간 바닥은 난리가 납니다. 저는 그 모습을 보고 저도 모르게 소리칩니다.

"어이구. 어이구 그럴 줄 내가 알았어!"

제가 곧바로 달려가 치웁니다. 괴상한 액체가 마룻바닥 틈 사이로 스며들지 않게 하기 위해서죠. 그러면서 문득 이런 생각이 듭니다.

'이렇게 될 줄 내가 정말 알고 있었나?'

일이 벌어진 다음에야 그럴 줄 알았다고 말하는 사람, 그렇게 말하는 사람의 심리는 무엇일까요?

당신은 정말 그렇게 될 줄 알고 있었는가?

———

'사후확증편향hindsight bias'이란 우리가 '이미 발생한 일을 그 일이 발생하기 전부터 이미 알고 있었다.'라는 듯 단정짓고 표현하는 경향을 말합니다. 쉽게 말하면 '내 그럴 줄 알았다.' 효과입니다. 실제로는 몰랐을 가능성이 더 크면서 말이죠.

이러한 편향은 회사에서도 종종 경험합니다. 모 팀장님이 제게 이런 말을 한 적이 있습니다.

"최 과장님, 제가 뭐라고 그랬어요. 어쩐지 A 브랜드 매출이 별로 안 좋을 것 같더라니까요."

저는 이 말을 듣고 황당하고 짜증이 났습니다. 'A 브랜드 매출이 안 좋을 것 같았다면, A 브랜드와 입점 계약을 맺기 전에 미리 말을 해줬어야 하는 것 아닌가?'하는 생각이 들었기 때문입니다.

"저는 왠지 일이 이렇게 될 것 같았어요. 그냥 말씀 안 드렸던 건데…"
"왠지 그렇게 될 것 같더라니. 이번에도 내 예감이 틀리지 않았네."
"아 이렇게 될 줄 알고 있었는데. 말을 해줄 걸 그랬나?"

물론 상황이 안타깝고 속상해서 상대방은 그런 말들을 한 것일 수도 있습니다. 그런데 그런 말들은 듣는 사람의 처지에서는 별로 도움이 안 됩니다. 이미 엎어진 물이기 때문입니다. 그럼 진작 미리 말을 해주던가요.

반대의 경우도 마찬가지입니다. 여러분이 누군가의 안타까운 상황을 보고 자신도 모르게 그런 반응이 나올 수 있죠. 여러분 자신도 사후확증편향에 휘둘리지 않도록 주의해야 합니다.

직장인들 사이에서 많이 대화 나누는 소재 중의 하나가 '주식 거래'일 것입니다.

'왠지 떨어질 것 같았는데…. 내가 말을 해줄걸. 그랬나?'

가뜩이나 주식으로 손해를 보고 있는 사람한테 이런 반응은 금물입니다. 상대방의 울화를 더욱더 치밀어 오르게 할지 모르기 때문입니다. 위로해주기 위해, 뭐라도 한 마디 해주고 싶은 마음은 이해가 갑니다. 하지만 주식으로 손해를 보고 있는 사람 앞에서는 그냥 아무 말도 하지 않는 편이 나을 수도 있습니다. 이처럼 누군가의 안타까운 상황 앞에서 당신의 '사후확증편향'으로 상대방을 더 분노하게 행위는 자제해야겠습니다.

그렇다면 사후확증편향은 왜 일어나는 것일까요? 인간은 기본적으로 상황을 통제하고 싶어 하는 욕구가 있기 때문입니다. 상황을 통제할 수 없다면 불안해합니다. 그러므로 어떤 일이 일어난 후에 '내 저럴 줄 알았어.'라고 생각하게 되는 것도 '실은 내가 미리 알고 있었고 내가 통제를 하려면 할 수 있었어.'라고 생각하며 안심할 수 있기 때문입니다. 그래야 미래에 대한 불안감을 조금이라도 덜 수 있기 때문입니다.

사후확증편향에 휘둘리지 않기 위해서는?

이유가 어찌 되었건 자신의 사후확증편향으로 상대방에게 불쾌한 감정을 주면 곤란하겠죠? 이 편향에 휘둘리지 않도록 주의하는 방법에는 무엇이 있을까요?

첫 번째, 어떤 일이 벌어지고 난 다음에 '나는 이러한 결과가 발생할 줄 몰랐다.'고 인정하는 습관을 지녀보는 것입니다. 이는 어떤 일의 결과가 예측가능했다고 믿고 싶은 유혹을 피하는 데 도움을 줄 수 있습니다. 사실 몰랐잖아요? 알았다면 가만히 있지 않았겠죠.

두 번째, 실제 벌어진 결과와 다른 결과를 상상해보는 것입니다. A가 벌어지고 나서 'A가 벌어질 줄 알았다.'라고 생각하는 것보다. 'A가 아닌 B나 C가 벌어졌을 수도 있겠구나.' 생각해보는 것입니다. 이렇게 생각해보는 습관은 다양한 결과들을 예측하는 데 도움을 줄 수 있습니다.

'그럴 줄 알았다.'고 생각하는 경향은 생각보다 자주 경험할 수 있습니다. 회사, 집에서 이러한 경향으로 자신도 모르게 타인의 기분을 망가트리지 않도록 주의하도록 합시다. 상대방이 곤란한 상황에서는 그저 "안 됐다!"라는 말 한 마디도 충분합니다. 너무 많은 말을 하지 마세요.

III

나를 죽이지 못하는 업무는
나를 더 강하게 만든다

17

'완벽히' 일을 해내는 방법은 '완벽히' 없습니다

> 신비롭고 기이하며 뛰어나고 특별한 사람은 완전한 사람이 아니다.
> 완전한 사람이란 그저 평범할 뿐이다.
>
> _채근담

"언제쯤 일을 완벽하게 할 수 있을까요?"

제가 실제로 신입사원분들과 상담을 하며 많이 들었던 고민 중 하나입니다. 그렇습니다. 이제 막 사회생활을 시작한 신입사원의 입장에서는 충분히 그런 고민을 할 수 있죠. 물론 '적당히 할 일만 하자, 시키는 것만 잘하자.'라고 생각하는 신입사원도 계실 것입니다. 하지만 어서 빨리 일을 잘해내고 싶은 마음, 어서 빨리 밥값을 해내고 싶다고 생각하는 신입사원도 꽤 많을 것이라 생각합니다. 이왕 하는 거 완벽히 해내고 싶은 마음도 있을 수 있고요.

그런데 말이죠. 너무 잘하려고만 하다 보면, 너무 완벽하게만 하려다 보면 기대만큼 더 안 될 수 있습니다. 자신의 기대나 상대방의 기대에 못 미칠 수 있어요. 자신이 생각하는 완벽함의 기준과 상대가 생각하는 완벽함의 기준이 다를 수 있기 때문입니다.

저는 신입사원 시절에 주로 데이터를 정리하는 일을 했습니다. 대리점별, 월별, 채널별, 기종별 PC 판매 데이터를 정리하는 데 많은 시간을 보냈습니다. 완벽하게 해내고 싶었습니다. 이왕 하는 거 잘하고 싶었습니다. 이왕이면 데이터를 예쁘게 정리하여 상사가 보기 편하게 만들고 싶었습니다. 의미 있는 분석도 끌어내고 싶었죠. 문제는 시간이었습니다. 잘하려고 하는 만큼 오랜 시간이 걸렸습니다. 시장에 대한 이해도 부족한 상태에서 낯선 엑셀과 씨름을 해야 했습니다. 일을 시킨 사람의 입장에서는 답답했을 겁니다. 일단 데이터를 빨리 확인해야 상사도 다음 작업을 진행할 수 있었을 테니 말이죠. 저로서는 완벽을 추구하는 것이 상대방으로서는 답답하고 불편한 상황이 될 수도 있었다는 점을 나중에 깨달았습니다.

상대의 의도에 맞춰
일하는 것이 중요한 이유

———

미국의 자동차왕 헨리 포드는 이런 말을 했습니다.

"이 세상에 성공의 비결이란 것이 있다면, 타인의 관점을 잘 포착해 그들의 관점에서 사물을 볼 수 있는 재능이다."

그는 타인의 관점을 중요시했습니다. 타인의 관점에서 관심을 기울이면 장점이 있습니다. 어떤 장점이 있을까요? 상대방은 나에 대한 믿음을 가질 수 있습니다. 왜냐하면 상대의 입장에서 생각하고 일을 하면 일을 지시한 사람의 만족도를 그만큼 높여주기 때문입니다. 여러분에 대한 만족도가 올라갈수록 여러분에 대한 신뢰가 쌓일 수 있죠.

다른 사람들의 관점을 취하는 것이 자신에게 도움이 될 수 있음을 강조하는 심리학 이론이 있습니다. '마음의 이론theory of mind'인데요. 이 이론은 자신의 마음이나 정신상태를 다른 사람의 믿음, 욕망, 의도에 등에 연결시키는 능력을 강조합니다. 이 능력이 뛰어나면 다른 사람의 행동을 더 잘 이해하고 더 잘 예측할 수 있다고 합니다. 많은 사회적 상황에서 타인의 마음과 신뢰를 얻는 손쉬운 기술이 될 수 있습니다. 이 점을 참고하여 상사의 의도와 마음을 파악하는 데 조금만 노력을 기울여보세요. 더 적은 노력과 시간으로 상사의 만족감을 얻을 수 있습니다. 여러분에 대한 신뢰도 쌓입니다.

상사의 신뢰는 생각보다 중요한 요소입니다. 상사의 신뢰와 지지가 없이는 일을 하는 데 한계가 있기 때문입니다. 아무리 자신이 맞다고 생각해도 상사나 회사에서 반대를 한다면 일을 진행시키기 어렵습니다. 일단은 상사의 마음과 신뢰를 얻어야 하는 이유입니다. 자신만의 생각과 업무 스타일은 이후 만들어나가면 됩니다. 천천히 말이죠.

상사의 관점은 물론, 업무지시를 하는 사람의 관점을 먼저 생각하는 일이 생각보다 중요한 일입니다. 자신 기준의 완벽함을 버리는 일, 그것이 완벽한 업무요령에 가까워지는 방법입니다.

완벽한 일처리대신, 상대의 의도에 맞춘 일처리

———

K 씨는 입사 1년차 신입사원이었습니다. 이 사람은 보고서, 이메일 등의 '문법점검'을 중요시했습니다. 오타는 없는지, 주어와 서술어의 관계는 적절한지, 적절한 어휘 표현를 쓰고 있는지, 띄어쓰기 등은 잘되어 있는지 등을 중요시했죠. 비非문법적인 것을 그냥 넘어가지 못하는 성격이었죠. 물론 나쁘다고는 할 수 없습니다. 이왕이면 정확한 것이 좋으니까요. 문제는 시간이었습니다. 문법점검에 시간을 쓰다 보니 기한을 어기는 경우가 많았습니다. 일을 시킨 팀장의 입장에서는 답답했습니다.

팀장에겐 문법이 중요한 것이 아니라 내용과 기한이 중요했거든요. 문법은 좀 틀려도 좋으니 되도록 많은 내용을 기한 내에 보고 받기를 원했습니다. 그래야 다음 단계로 일을 진행시킬 수 있으니 말이죠. 어차피 최종보고는 팀장이 사업부 임원에게 하기로 되어 있었기 때문이죠. 이러한 과정과 체계를 깨닫기까지 K 씨는 매우 힘들었다고 했습니다. 팀장도 이런 일을 겪고 나서는 K 씨에게 업무의 배경과 요령에 대해 설명해주었다고 합니다. 어쨌든 K 씨는 고생은 고생대로 하고 성과는 없었던 거죠.

내가 원하는 일처리 방식이 상사의 기대에도 부응하고, 일도 제때 처리하는 그런 이상적인 경우는 별로 없습니다. 완벽한 일처리 방식은 없다고 생각하시는 것이 좋습니다. 일단은 상대방의 관점, 상대방의 의도에 맞춰 일을 진행하는 것이 그나마 완벽에 가까운 일처리 방식이 될 수 있을 것입니다.

18

주어진 일을 한 번에
끝내고 싶은 마음 멈추기

> 미래의 가장 좋은 점은 한 번에 하루씩 온다는 것이다.
>
> _ 애이브러햄 링컨(미국 전직 대통령)

마트에 우유를 사러 갔습니다. 원래는 900ml 우유 1개만 사려 했습니다. 그런데 2개가 테이프로 묶여 있는 우유가 있었습니다. 왠지 한 번에 2개를 사는 것이 정량처럼 느껴졌습니다. 과자 코너에 갔습니다. 과자 한두 개만 사려고 했습니다. 그런데 과장 5봉이 하나의 테이프로 묶여 있는 상품이 있었습니다. 왠지 그걸 사는 것도 괜찮을 거란 생각이 들었습니다. 이처럼 때론 우리가 생각했던 기준보다 많은 기준의 양이 제시가 되었을 때

'그것이 살 만한 양'으로 인식하고 그것을 선택하는 경우가 있습니다. 마치 그 기준이 맞고 내 원래의 기준은 틀린 것 같은 느낌적 느낌이죠.

이를 심리학에서는 '단위편향Unit bias'이라는 개념으로 설명합니다. 자신이 생각했던 단위의 양과 외부에서 주어지는 단위의 양이 다를 때, 외부에서 주어지는 단위의 양을 받아들이는 경향을 말합니다. 위의 우유 사례와 비슷하게 이번에는 공깃밥의 양을 예로 들어보겠습니다. 어머니께서 작은 공기에 밥을 가득 채워주신 적이 있습니다. 밥을 다 먹으니 포만감이 느껴졌습니다. 어머니가 다음 번에는 똑같은 양이지만 더 큰 공기에 밥을 주셨습니다. 다 먹어도 왠지 부족하게 느껴졌습니다. 다 채워진 밥을 먹은 게 아니기 때문입니다. 양의 정량을 밥그릇의 크기, 즉 외부에서 주어지는 단위의 양에 따라 편향적으로 판단했던 것이지요. '단위편향'이 발생한 것입니다.

하마터면 사라는 대로 살 뻔했다

———

어제는 편의점에 갔습니다. 캔 맥주를 사기 위해서였습니다. 원래는 한두 개만 사려고 했습니다. 그런데 낱개 상품은 안 보였고 6개입 상품만 있었습니다. 아 '원래 6개씩 사가는 것이 일반적인 건가?' 하는 생각이 들었습니다. 그것을 집어들었다가 다시 생각했습니다. '아닌데. 난 원래 2개만 사고 싶었는데.' 용기를 내어 편의점 사장님께 여쭤봤습니다.

"사장님, 이거 낱개로는 못 사나요?"

사장님은 우물쭈물하며 말씀하셨습니다.

"아 사람들이 낱개로는 잘 안 사가는데…."

제가 물었습니다.

"사장님, 그러니까 낱개로 살 수 있나요? 없나요?"

결국 저는 낱개로 2개만 샀습니다. 편의점을 나오며 생각했습니다. '휴. 2개만 사려다가 6개를 살 뻔했네.' 저도 모르게 단위편향의 영향을 받았던 것 같습니다. 6개로 묶여 있으면 "원래이건 6개씩 사는 것이 일반적이야. 다른 사람들은 다 그래. 네가이상한 거지."라고 말하는 것 같습니다. 이러한 단위편향에 넘어가지 말아야 합니다. 단위편향에 넘어가지 않아야 필요 이상으로 돈을 지출하거나 필요 이상의 노력을 하지 않을 수 있습니다.

이 이론을 회사에서도 적용해볼 수 있을 것 같습니다. 저는 신입사원일 때 회사에서 일이 주어지면 웬만해선 그 자리에서 끝내려 했습니다. 늦어도 그날까지는 끝내려고 했죠. 지금은 굳이그렇게 할 필요가 없다는 생각이 들지만 당시는 열심히 하는 모습을 보여주고 싶었나 봅니다. 예를 들어, 엑셀로 정리를 해야하는 데이터가 있으면 웬만하면 그날, 그 자리에서 끝내려 했습니다.

문제는 제 엑셀 실력이었습니다. 초보 실력이었기 때문에 데이터를 한꺼번에 정리하기는 어려웠습니다. 그런데도 끝까지

붙잡고만 있었습니다. '점심 먹으러 가기 전까지는 끝내자.' '퇴근하기 전까지는 끝내자.' '팀장님이 말을 시키기 전까지는 끝내자.' 이런 식이었습니다. '주어진 작업단위'를 '수행해야 할 하나의 작업단위'로 인식했던 겁니다. 저도 모르게 단위편향에 휘둘리고 있었던 겁니다. 일이 주어진 단위로 반드시 한 번에 끝낼 필요는 없는데노 말이죠.

주어진 양대로 일을 한 번에 끝내려다 보니 신체적으로나 정신적으로 문제가 발생했습니다. 무리해서 오래 앉아 있다 보니 어깨도 자주 아프고 목도 뻐근했거든요. 부끄러운 얘기지만 항문 건강에도 적신호가 왔습니다. 오래 앉아 있는 것이 항문에 그렇게 안 좋은지 그때 알았습니다. 아무래도 신입사원이다 보니 부담감이 컸겠죠 다시 한 번 말씀드리지만 지금 생각해보면 굳이 그렇게까지 할 필요는 없었을 것 같습니다.

나중에 몇 번 시행착오를 거치다 보니, 무조건 한 번에 끝내는 게 중요한 것이 아니라, 기한 내에 내가 무리하지 않는 범위 내에서 일을 해내는 것이 중요한 것임을 깨달았습니다. 나의 페이스를 유지하는 것이 중요한 일임을 알았던 거죠. 물건을 살 때 신용카드로 3개월, 6개월 무이자 할부가 가능하듯 주어진 일을 할 때도 3일내, 6일내 할부가 가능하다는 것을 나중에 깨달았습니다. 요청받은 일을 반드시 그날 일시불로 끝내야 할 이유는 없었습니다.

신입사원에게 해당하는 얘기는 아니지만, 일을 주는 선배나, 팀을 리드하는 팀장님의 입장에서도 마찬가지입니다. 특정 팀원이 너무 많은 일을 가져가지 않도록 신경 쓰는 것이 중요합니다. 그렇지 않으면 팀의 전체 성과에 악영향을 줄 수 있기 때문입니다.

동일하게 배분된 일의 양이 팀전체 성과를 높일 수 있다

———

2015년부터 2017년까지 구글에서는 사내 180여개 팀을 대상으로 인터뷰 형식의 사내 연구를 수행한 바 있습니다 '아리스토텔레스 프로젝트The Aristotle Project'라는 이름으로 진행된 이 연구는 팀의 구성과 팀의 성과 사이에 어떤 상관관계가 있는지를 알아보고자 했습니다. 그 결과 몇 가지 의미 있는 결론이 나왔고, 그중 하나가 '팀원들이 비슷한 양의 아이디어를 내고 비슷한 정도의 일을 할 때 팀의 성과가 더 높다.'는 점이었습니다.[8]

팀원들 중 누군가는 더 많은 일을 하고, 누군가는 더 적은 일을 하게 된다면, 그것은 팀의 전체적 균형을 무너뜨리고 결국 팀의 전체적 성과를 낮추게 된다는 의미죠. 팀 차원에서도 적당하지 않은 일의 배분은 팀 전체의 성과에 안 좋은 영향을 미칠 수 있음을 알 수 있습니다. 혹시 여러분이 속해 있는 팀에서는 일이 고루고루 적절히 분배되고 있다고 생각하시나요? 이처럼 일의 적절한 배분은 팀의 입장에서도, 개인의 입장에서도 중요합니다.

지금까지의 내용을 정리해보겠습니다.

일을 받으면 그 일을 반드시 주어진 단위로 끝낼 필요가 없습니다. 당신의 상황과 역량에 맞게끔 다시 배분하여 일할 수도 있습니다. 필요하다면 여러분이 할당받은 일을 당신의 선배나 상사에게 요청해야 합니다. 그렇게 해야 업무에 대한 만족도와 효율성이 올라갈 수 있을 것입니다. 물론 용기가 필요한 일이겠지만, 용기를 낼 만한 일입니다. 자신과 팀 모두를 위해서 말이죠.

팀장님이나 선배의 업무지시를 받았을 때는 이런 생각을 해보시면 어떨까요?

'받은 일을 꼭 한 번에 끝내려 하지 말자. 기한을 넘지 않는 범위 내에서 내 페이스에 맞게 일을 쪼개자. 무리할 필요없다. 내가 먼저고 내 건강이 먼저다. 일은 그 다음이다. 그렇게 하는 것이 팀을 위해서도 낫다'

오늘은 할 수 있는 데까지만 합시다. 한 번에 끝내지 않아도 괜찮습니다. 오늘 못하면 내일도 있고, 내일 못하면 모레도 있습니다. 우리는 내일도 있고 모레도 있는, 미래가 있는 직장인입니다. 내일 퇴사할 것이 아니라면 일은 할부로 진행합시다. 단 일이 연체되지 않는 범위에서요.

19

한 번 '관심'은 영원에
버금가는 '주의'를 끕니다

> 당신이 일단 무언가를 한 번 인지하고 나면 그것을 모든 것에서 보게
> 될 것이다. 심지어 그것이 없을 때도….
>
> _ ChatGPT가 들려준 누군가의 이야기

신입사원 때 정신이 반쯤 나가서 중고 수입차를 산적이 있습니다. 철이 없었죠. 그런데 신기하게도 그 차를 타고 도로에 나가면 제가 탔던 차와 똑같은 차가 유독 눈에 많이 띄었습니다. 신입사원 시절 인생 처음으로 머리에 파마를 한 적이 있습니다. 제가 원래 엄청나게 잘 뻗치는 머리거든요. 파마를 하면 머리 손질이 수월하다는 얘기를 듣고 용기를 냈습니다. 그런데 이게 웬일인가요? 그 다음부터는 파마한 남성분들이 눈에 자주 들어

왔습니다. 회사에서도 길거리에서도 목욕탕에서도 '파마를 한 남성분들이 이렇게 많았나?' 싶었습니다.

골프를 처음 배우기 시작했을 때입니다. 골프에 미쳐서 평상시에도 골프복을 입고 다녔습니다. 그런데 이게 웬일일까요? 골프복을 입고 다니는 사람들이 눈에 엄청 많이 띄기 시작했습니다.

한 번 관심을 두기 시작하면
눈에 자주 보이는 이유

여러분도 이런 비슷한 경험 없으신가요? 영어공부를 시작했다면 주변에 어학을 공부하는 사람들이 유독 많이 보이고요. 요리를 배우기 시작했다면 주변에 요리에 관심 있는 사람들이 이렇게 많이 있었나 싶습니다. 다음 달에 유럽여행을 가기로 한 상황에서 주위 사람들과 얘기를 나누다 보면, 유럽을 다녀왔거나 유럽을 갈 계획이 있는 사람들이 이렇게 많았나 싶을 때가 있습니다. 여러분이 만약 퇴사를 고민하기 시작했거나 퇴사를 결심했다면, 여러분 주변에 퇴사에 관심이 있는 사람들이 많이 보일 수 있습니다.

실제로 주위에 이런 사람들이 많아진 것일까요? 아니면 그런 사람들의 실제 숫자는 별 차이 없지만, 여러분이 그런 사람들을 더 많이 '발견'하는 것일까요? 심리학에서는 이를 '빈도환상

Frequency illusion'으로 설명합니다. 어떤 것에 관심을 두게 되거나 무언가를 알아차리게 되면 그것이 높은 발생 빈도를 가지고 있다고 믿게 되는 인지적 편향을 말합니다. 이 이론에 따른다면, 실제로 그런 사람들이 '증가'한 것이 아니라 그런 사람들을 더 많이 '발견'했을 가능성이 더 크다고 볼 수 있습니다.

쑥스러운 얘기이지만 저는 전립성 비대증을 앓고 있습니다. 남성은 보통 40대에 이 증상을 겪기 시작하며 60대 남성의 60%, 80대 남성의 거의 100%가 이 질환을 앓는다고 하네요. 제가 이 증상을 겪기 시작해서일까요? TV에 전립성 비대증약 광고가 엄청나게 자주 눈에 띕니다. '아니 이 광고가 이렇게 자주 했던 광고인가?' 싶을 정도로 말이죠. 사실 그 광고 빈도가 실제로 증가한 것은 아닐 겁니다. 관심이 생겨서 그만큼 눈에 잘 들어왔고 더 자주 보였던 것 아닐까요?

자주 보인다고 실제로
더 많이 생겨난 것은 아닙니다

여러분이 회사에서 중요한 판단이나 의사결정을 할 때, 이러한 빈도환상에 휘둘리지 않도록 유의하면 좋겠습니다.

'내가 퇴사를 하기로 마음먹었는데 회사 안에 퇴사에 관심 있는 사람들이 이렇게 많을 줄이야. 역시 퇴사가 대세. 퇴사하는

게 맞을 듯….'

'나만 저 사람을 싫어하는 줄 알았는데 회사 안에 저 사람을
안 좋게 보는 사람이 이렇게 많을 줄이야. 역시 저 사람하고는
거리를 두어야겠어. 저 사람은 나쁜 사람….'

　주변에 퇴사하는 사람이 많아 보이는 것은 당신이 퇴사에 관
심이 생겨서 그런 것일 수 있습니다. 무의식적으로 '많은 사람
이 하는 퇴사이니만큼 나의 선택도 잘못된 것이 아니다.'라는
자기합리화를 시도할 수도 있습니다. '내 선택은 잘못된 선택이
아니다.' 라고 믿고 싶은 욕구가 작용했을 수 있습니다.

　물론 퇴사하고 싶은 마음 이해합니다. 퇴사하고 회사생활에
대한 만족도가 올라갈 수도 있습니다. 퇴사하고 더 잘될 수도
있습니다. 하지만 보이는 것만 보며, 보고 싶은 것만 보며 하는
판단은 후회를 가져다줄 수 있습니다. 잘못된 정보를 가지고 중
요한 결정을 하지는 않았으면 좋겠습니다. 여러분이 퇴사하고
싶다면 정확한 정보를 토대로 결심하시기 바랍니다.

　이러한 빈도환상은 좋은 쪽으로 활용해볼 수 있습니다. 직장
에서 인간관계 안정화에 도움을 받을 수 있지요. 여러분이 싫어
하는 동료가 있다고 가정해봅시다. 누군가를 싫어하는 것은 여
러분의 마음입니다. 그런데 누군가를 집중적으로 싫어하다 보
면 결국 여러분 자신이 힘들어집니다. 그 사람은 여러분이 자신
을 싫어한다는 사실조차 모르고 있을 수 있습니다. 손해처럼 느
껴지지는 않나요? 이럴 땐 덜 신경 쓰이도록 조금만 덜 싫어해

보면 어떨까요?

　빈도환상을 역으로 활용해보는 겁니다.

　'내가 저 인간을 싫어하기는 하지만 그래도 덜 싫은 부분을 찾아보자.'

　억지로라도 그 사람에 대해 좋았던 경험, 좋았던 느낌을 떠올려 보는 것입니다. 악마가 아닌 이상 모든 면이 100% 싫을 수는 없습니다. 새로운 인식이 생기면, 새로운 인식에 부합되는 면들을 더 자주 포착할 수 있습니다. 긍정적 방향으로 빈도환상이 발생하는 것이죠.

　물론 그렇다고 그 사람이 좋아지지는 않을 것입니다. 덜 싫어할 수 있다는 것이죠. 바로 당신의 마음을 위해서입니다. 누군가를 덜 싫어할 수 있다면 그만큼 여러분의 마음은 조금이나마 편해질 수 있습니다.

20

지금은 많은 시간이
걸리는 일도 곧 짧게 느껴집니다

> 시간은 환상이다.
>
> _ 앨버트 아인슈타인(독일 물리학자)

회사에 처음 들어가면 이런 생각이 들 수 있습니다.

'빨리 적응해야지, 빨리 적응해서 인정받아야지.'

빨리 적응하고 싶은 마음은 이해합니다. 하지만 당연하게도 결국 시간과 경험이 필요합니다. 물론 처음부터 잘할 수 있는 일도 있겠지만 대부분 그렇지 않습니다. 혹시 시간도 많이 걸리고 어렵게 느껴지는 일이 있나요? '왜 나는 항상 제자리일까? 발전이 없을까?' 하며 자책하는 분이 계신가요? 너무 큰 걱정은 하지 않으셨으면 합니다. 저는 두 가지 관점에서 '회사에서의 시간'과 관련하여 말씀드리고 싶습니다.

우리가 느끼는 두 가지 종류의 시간

첫 번째, 우리가 요령을 익힐 때까지 걸리는 물리적 시간입니다.

당연한 얘기지만 일은 할수록 늡니다. 물론 그렇지 않은 경우도 있겠지만 대부분 늡니다. 그만큼 경험이 쌓이고 숙달이 되기 때문이죠. 원래 처음 가보는 길이 시간이 더 걸리는 것처럼 느껴지듯, 처음 해보는 일이 시간이 더 걸리는 것처럼 느껴질 수 있습니다. 그러므로 너무 조바심내지 않았으면 좋겠습니다.

매출분석을 할 때도, 보고서를 쓸 때도, 회의자료를 만들 때도, 디자인 시안을 만들 때도 처음에는 어렵게 느껴집니다. 어렵게 느껴지는 것만큼 시간도 더 많이 걸리는 것처럼 느껴집니다. 하지만 하다 보면 요령이 생깁니다. 내가 싫다고 해도 요령은 붙기 마련입니다.

네이버 표준국어대사전에 따르면, '요령'의 정의는 다음과 같습니다.

요령要領:

1. 가장 긴요하고 으뜸이 되는 골자나 줄거리.
2. 일을 하는 데 꼭 필요한 묘한 이치.
3. 적당히 해 넘기는 잔꾀.

그 중에서도 저는 두 번째 뜻에 주목했습니다. '일하는 데 꼭 필요한 묘한 이치'이죠. 그렇습니다. 일하는 데 꼭 필요한 묘한 이치가 생기는 것 같습니다. 그 묘한 이치가 생길 때까지는 시간, 노력, 시행착오 등이 필요하겠죠. 가장 중요한 것은 경험이고 그 경험이 쌓이는 물리적 시간은 어쩔 수 없이 필요합니다.

미국의 교육자이자 철학자인 찰스 듀이Charles Dewey는 이런 말을 했습니다.

"천재는 밤사이에 만들어지지 않는다. 천재가 되는 데는 시간이 필요하다"

물론 우리가 '천재 직장인'이 될 필요는 없겠지만 그만큼 물리적 시간의 흐름이 중요함을 알 수 있습니다.

두 번째, 우리가 새로운 것에 익숙해질 때까지 걸리는 마음의 시간입니다.

저는 여러분께 이 마음의 시간을 더 강조해드리고 싶은데요.

시간에 대한 우리의 주관적 인식을 강조하는 말입니다. 우리의 감정적 상태, 몰입의 정도, 주위 환경에 대한 주의 등에 따라 우리가 인지하는 시간이 달라질 수 있다는 의미이지요.

심리학에는 '친숙한 도로효과Well traveled road effect'라는 개념이 있습니다. 똑같은 길도 처음 갈 때는 시간이 오래 걸리는 것 같지만 몇 번 가보면 시간이 덜 걸리는 것처럼 느껴지는 현상을 말합니다. 이러한 현상은 '시간인식편향time perception bias' 또는 '시간환상time illusion'이라고도 불립니다. 우리가 주의를 기울이는 정도, 몰입하는 정도, 감정적 각성의 정도에 따라 우리의 뇌가 시간을 다르게 인식할 수 있음을 보여줍니다.

저는 일주일에 한 번씩 집과 경기도 포천을 왔다 갔다 합니다. 이렇게 한 지 약 1년이 다 되어 갑니다. 초반에는 그 길이 멀게 느껴졌습니다. 그만큼 시간도 더 많이 걸리는 것 같았습니다. 1년이 다 되어 가는 지금은 그 길이 더 짧게 느껴집니다. 시간도 덜 걸리는 것 같습니다. 하지만 93km라는 거리와 1시간 30분이라는 시간은 변함이 없습니다. 제 운전능력도 변함이 없습니다.

반복하다보면, 친숙해지고, 친숙해지면 시간도 빨리 갑니다

———

단지 더 친숙해진 것뿐입니다. 똑같은 길도 자주 오가면 시간이 덜 걸리는 듯 느껴지듯, 똑같은 일도 자주 하다 보면 시간이 덜 걸리듯 느껴질 것입니다. 그러므로 일하는 데 시간이 오래 걸리는 것 같다고 스트레스를 받지 않았으면 좋겠습니다. 일을 실제로 잘해내는 것도 중요하지만 일을 하며 너무 큰 스트레스를 받지 않고 해내는 것도 중요합니다. 당신이 무너지면 아무 소용없으니까요.

그러기 위해서는 물리적 시간과 마음의 시간이 흐르는 시간을 기다려줘야 하겠습니다. 시간이 흘러야 해결될 수 있는 부분입니다. 시간이 흘러야 채워지고 완성되는 부분입니다. 자신에게 그 일에 익숙해질 시간, 그 일에 적응할 시간을 주세요. 만약 여러분이 하는 일을 할 때 시간이 잘 안 간다거나 지겹다고 느껴지면, 과한 스트레스를 받고 있거나 걱정을 많이 하고 있어 그런 것일 수 있습니다.

스트레스와 걱정은 상대적으로 시간이 천천히 흘러가는 것처럼 느끼게 만들 수 있습니다. 그러므로 바쁜 시간을 쪼개어 명상, 운동, 산책 등과 같은 정적·동적 활동을 통해 스트레스를 평소에 조금씩 덜어내는 활동을 하시기 바랍니다. 일에 대해 좀 더 편안한 마음을 가지고 몰입하는 것이 시간을 빠르게 흐르도록 느낄 수 있는 방법입니다.. 시간의 상대성 원리를 활용하여 출근하자마자 퇴근시간이 된 것 같은 기분을 느껴보시길 바랍니다. 일을 빨리 숙달해야겠다는 조급함도 한 쪽으로 내려두시기 바랍니다.

21

끝내지 못한 일은 잠시 기억의 저편으로 넘겨도 되는 이유

끝마치지 못한 업무, 보고하지 못한 보고서, 먹다 남은 초코파이, 아직 남은 차 할부금, 쓰다만 신청서, 끝마치지 못한 통화에는 공통점이 있죠. 계속 생각이 난다는 것입니다. 왜 우리는 마치지 못한 것, 완성하지 못한 것에 대해 계속 생각이 날까요? 심리학에서는 이를 자이가르닉 효과로 설명합니다. '자이가르닉 효과Zeigarnik effect'란 완성되지 못한 일이 완성된 일보다 더 잘 기억이 나는 심리적 현상을 말합니다.

저는 신입사원 때 회사에서 마치지 못한 일이 있으면 퇴근을 해서도 집에 가서도 계속 생각이 났습니다. 뭔가 찜찜했습니다. 그 다음 날 출근 전 샤워를 할 때부터 다시 그 생각을 했습니다. 샤워를 하며 출근하자마자 해야 할 일의 순서를 정해 놓았습니다.

'출근하자마자 컴퓨터를 켜고 매출분석 프로그램에 로그인을 해서 로 데이터raw data부터 돌려 놓고, 그 사이 이메일을 확인해야지. 어제 마무리하지 못한 보고서를 빨리 끝내야 하니.'

지금 이 순간 당신의 일을 생각하는 사람은 당신밖에 없습니다

———

물론 좋게 생각하면 업무에 대한 열정이고 책임감일 수 있습니다. 문제는 그 정도가 과한 경우입니다. 퇴근해서도 습관적으로 일을 생각하고, 쉬는 날에도 습관적으로 일을 생각하고, 여행을 가서도 습관적으로 일을 생각한다면 문제적 습관입니다. 스트레스가 되고 마음의 병이 될 수 있기 때문입니다.

정말 급한 일이 아니라면 정말 중요한 일이 아니라면 일을 하지 않을 때는 일을 생각하지 않는 습관을 만들어야 합니다. 그래도 괜찮습니다. 그렇게 하지 않아도 생각보다 큰 문제는 발생하지 않습니다. 혹시 여러분은 습관적으로 일터 밖에서 일에 대해 과도하게 생각하는 편인가요? '나도 이제 좀 그만 생각하고 싶다.'할 정도로 말이죠?

저는 회사 이메일을 개인 휴대전화로 확인할 수 있었는데요. 처음에는 편리한 기능인 줄 알고 좋아했습니다. 하지만 퇴근해서도, 쉬는 날에도 습관적으로 회사 이메일을 확인하고 있는 저를 발견했습니다. 말 그대로 습관이더군요. 마치 습관적으로 네이버 뉴스를 훑어보고 카톡창을 확인하고 카톡 친구들의 카톡 프로필을 확인하는 것처럼 회사 메일을 확인했습니다. 무의식적으로 그런 것들을 보고 있노라면 '내가 지금 뭐하는 거지?'라는 생각이 들 때가 많았습니다. 아무 의미 없이 그냥 보고 있는 거죠.

여러분들은 마치지 못한 일이나 업무가 생각날 땐 이렇게 생각해보시면 좋겠습니다.

'마치지 못한 회사 보고서가 있었지. 근데 어차피 지금은 주말인데 내가 할 수 있는 것은 없잖아. 월요일 아침에 출근하자마자 바로 시작하면 되지 뭐. 지금은 생각하지 말자.'

근데 말처럼 쉽지 않다고요? 계속 생각이 난다고요? 그럼 메모를 해보는 것도 좋은 방법입니다. '주의분산이론Attentional Dissociation Theory'에 따르면, 글쓰기는 불안이나 스트레스를 느낄 때 주의력을 분산시키는 효과가 있습니다. 머릿속에 굴러다니는 생각을 바깥으로 끄집어내는 거죠. 바깥으로 끄집어 내놓은 만큼 좀 더 개운한 마음으로, 쉽게 생각을 비워낼 수 있습니다.

또 한 가지 드리고 싶은 말씀이 있습니다. 당신이 끝마치지 못한 그 일에 대해 신경 쓰는 사람은 당신밖에 없을 가능성이 큽니다. 왜냐하면 다른 사람은 지금 이 순간 다른 일에 신경을 쓰고 있을 가능성이 높기 때문이죠. 사람마다 처한 환경과 상황에 따라 생각하는 것이 달라지니까요. 그러므로 정말 급한 일이 아니면 쉴 때는 쉬시기 바랍니다. 일을 하지 않아도 될 때는 하지 마시기 바랍니다. 당신이 마치지 못한 그 일이 다른 누군가에게 큰 피해를 주거나 전체 일정을 망치는 긴급한 상황이 아니라면 편안한 마음으로 지냈으면 좋겠습니다. 그래도 괜찮습니다.

자신의 일을 멀리서 바라보기

20세기 위대한 철학자 중 한 사람으로 불리는 비트겐슈타인은 휴식의 중요성을 강조했습니다.

"휴일은 충분히 몸을 쉬게 하자. 번거로운 일도, 걱정도 하지 말고 마음과 몸을 느긋하게 하라. 그리고 육체 피로가 풀렸다면 자신이 하는 일을 멀리서 생각 없이 바라보라."

그의 말처럼 가끔 쉬면서 자신이 하는 일을 멀리서 바라보는 자세가 필요합니다. 그래야 가까이서는 보이지 않았던 자신과 자신의 업무를 볼 수 있을 테니까요. 좀 더 멀리서, 다른 시각으로 여유 있게 바라볼 수도 있을 테니까요. 그전에는 보이지 않았던, 놓치고 있었던 부분까지도 챙길 수 있을 것입니다.

헤밍웨이의 소설 《노인과 바다》에서 노인은 거대 물고기와 며칠에 거친 사투를 벌입니다. 잠시라도 그 싸움에서 눈을 뗄 수가 없습니다. 그 물고기를 잡을 수도, 그 물고기에게 잡아 먹힐 수도 있기 때문입니다. 그야말로 사투死鬪입니다. 노인은 그 사투에 집중한 나머지 잠자는 것도 잊습니다.

"나는 안 자고도 견딜 수 있는데…"

하지만 노인은 압니다. 이것이 위험한 생각이라는 것을 말이죠. 안 자도 될 것 같지만 자야 한다는 것을 알고 있습니다. 자야 살 수 있다는 사실을 알고 있습니다. 결국, 짧게나마 잠을 청합니다. 싸움을 이어가기 위한 어쩔 수 없는 하지만 반드시 필요한 시간입니다. 저 역시 비슷한 경험을 할 때가 있습니다. 글을 쓰며 지치지 않을 때입니다. 5~6시간 동안 노트북 앞에 앉아 글을 써도 멀쩡할 때가 있습니다. 어깨도 아프지 않고 눈도 침침하지 않습니다. 심지어 1~2시간은 더 글을 쓸 수 있을 것 같은 느낌도 듭니다. 하지만 저는 압니다. 그때가 바로 쉬어야 할 때인 것을 말이죠. 그때 작업을 지속하면 몸에 감당할 수 없는 무리가 올 수 있다는 것을 압니다. 몸이 저 나락으로 떨어지게 된다는 것을 압니다. 이렇게 자신의 체력을 잘 알고 자신을 위해 잠시 내려놓을 줄 아는 유연함이 꼭 필요한 이유입니다.

혹시라도 여러분이 일하지 않을 때도 습관적으로 일에 대해 생각하는 습관이 있다면 주의하시기 바랍니다. 일하지 않을 때 일에 대해서 얼마나 생각을 하나요? 일에 대해서 생각하면 그만큼 일이 더 잘되고 일에 도움이 되었는지요? 냉정하게 스스로에게 물어보세요. 일터 안에서도, 일터 밖에서도 자신의 마음을 챙기는 일보다 중요한 일은 없습니다.

22

싫다고 적응을
못하는 것은 아닙니다

> 자신의 마음을 바꾸지 못하는 사람은 이 세상 그 어느 것도 바꿀 수 없다.
>
> _ 조지 버나드 쇼(영국 문학가)

신입사원 K 씨와 상담을 하였습니다. 그는 이렇게 말했습니다.

"저는 회사에 적응을 잘하지 못할 것 같습니다. 회사가 싫거든요."

그는 그가 다니는 회사의 비효율적이고 비합리적인 운영방식이 마음에 들지 않는다고 했습니다. 그래서 적응을 잘하지 못할 것이라고 했습니다. 물론 그 마음은 이해가 갔습니다. 싫어하는 마음이 생기면 아무래도 적응하기 어려울 수 있겠죠. 하지만 싫어하면 반드시 적응하지 못하는 걸까요?

저도 효율적이고 합리적인 것을 좋아하는 사람입니다. 일할 때 효율적이지 못하면 답답하고 화가 나기도 하죠. 저도 그런 경험을 했던 조직이 있었습니다. 바로 군대입니다. 입대 후 많은 작업을 해야 했습니다. 선임병들이 1시간에 끝낼 수 있는 일을 3시간에 나눠서 하곤 했죠. 처음에는 이해가 안 되었습니다. '왜 저렇게 하지? 빨리 끝내면 빨리 끝낸 만큼 쉴 수 있는 거 아냐?' 이유는 곧 찾을 수 있었습니다. 군대는 일과의 시작시간과 종료시간이 명확히 정해진 곳이었기 때문이었습니다.

일을 빨리 끝내면 빨리 끝낸 만큼 다른 일을 하게 될 가능성이 높았습니다. 일과가 끝나는 시간은 따로 있기 때문이죠. '일과가 끝나는 17:00에 맞춰 천천히 일을 해야겠다.'는 생각을 했습니다. 그 뒤로는 일을 쉬엄쉬엄했습니다. 그렇게 군생활에 나름 그 생활에 적응해왔던 기억이 납니다. 아 오해는 안 하시기 바랍니다. 저는 23년 전의 군대를 말하고 있는 것입니다. 요즘의 군대는 예전에 비해 효율성, 스마트함을 강조합니다.

군대는 여전히 싫었지만, 적응은 할 수 있었습니다. 회사도 마찬가지라고 생각합니다. 여러분도 현재의 회사 방침, 분위기, 시스템, 사람들이 마음에 들지 않을 수 있습니다. 싫어할 수 있습니다. 싫어하지만 회사에 다녀야 하는 상황이라면 적응을 위한 노력은 해볼 수는 있을 것입니다.

어떻게 해볼 수 있을까요? 적당한 수준에서 자신의 생각과 행동을 바꿔보는 것입니다. 현재의 방침, 분위기, 시스템, 사람들에 맞춰보는 것입니다. 물론 여전히 싫지만, 적당히 맞춰보는 것입니다. 적당히 맞추다 보면 편해지는 부분이 생길 수 있습니다. 그렇다고 싫던 회사가 갑자기 좋아질 수는 없겠지만, 전보다 덜 싫어질 수는 있습니다. 덜 싫어하는 만큼 마음이 더 편해질 수 있습니다.

하는 일을 좋아할 필요는 없지만 나름의 의미를 찾아볼 필요가 있는 이유

마음에 들지 않은 회사, 조직에서 좀 더 적응을 잘해볼 수 있는 또 하나의 방법이 있습니다. 그 안에서 나름의 의미를 찾아보는 것입니다. 저는 군대에서 비효율적 업무처리 방식 자체를 제가 바꿀 수는 없었지만 나름 의미를 찾으려 했습니다. 일을 하는 과정에서 타인과 소통하고, 의견을 나누고, 그들과 관계를 유지하며 동기를 부여하는 경험을 얻을 수 있다 생각했습니다. 왜냐하면 군대는 개인적 업무수행보다는 집단적 업무수행을 하는 경우가 많기 때문입니다. 그 과정에서 다른 사람들과 의견을 조율하며 때로는 리더십이 필요한 순간이 찾아옵니다. 저는 이렇게 군대에서 익힌 사람을 대하는 방법을 직장에서도, 사회에서도 활용하고 있습니다. 제 인생 전반에 걸쳐 활용하고 있습니다. 유익한 경험이라 생각합니다. '그래도 내가 배울 수 있고, 나의 성장에 도움이 되는 것을 찾아보자.'라고 생각했던 것이 군대에 좀 더 잘 적응할 수 있도록 도움을 주었습니다.

이러한 생각을 뒷받침해주는 연구결과도 있습니다.

펜실베니아 대학교 조직행동학 다니엘 하라리Daniel Harari 교수와 동료들은 미국 기업에서 일하는 1,000명 이상의 근로자를 대상으로 연구를 수행했습니다. 그들에게 자신의 일에 대한 만족도, 직무적응 수준, 자신의 성장과 발전에 초점을 맞추는 정도에 대해 설문조사를 했고 몇 가지 의미 있는 점을 발견했습니다. 그 결론 중 하나가 자신의 성장과 발전에 초점을 맞춘 근로자들이 일에 대한 만족도가 높고 직무적응 수준이 높다는 점이었습니다. 이는 자신의 성장과 발전에 초점을 맞추는 것이 일에 대한 적응수준을 높이는 효과적인 방법이 될 수 있음을 시사합니다.[9]

일 자체에 집중해보는 것도
결국은 나 자신을 위한 일

———

여러분이 하는 일 자체, 업무 자체, 프로젝트에 좀 더 집중해보세요. 물론 회사의 물리적 환경, 인간 관계적 측면을 무시하고 일에만 집중하기는 어렵겠죠. 하지만 되도록 일 자체에 집중해보려 노력하는 것입니다. 일과 프로젝트에 집중하는 만큼 회사와 사람에 대한 부정적인 감정에서 좀 더 벗어날 수 있습니다. 무엇인가를, 누군가를 싫어하는 감정에서 멀어지며 그만큼 다른 일에 집중해보는 겁니다. 그러면서 나름의 적응을 할 수도 있지요. 사람들과 활발한 교류를 한다는 것만이 반드시 적응을 의미하는 것은 아니니까요.

조직심리학자 타샤 유리치Tasha Eurich는 《인사이트Insight》에서 이렇게 말했습니다.

"자신이 하는 일에 초점을 맞추면 스트레스를 통제하고 낮춘다는 느낌을 받을 수 있다. 우리가 어떤 위협을 받을 때 우리의 뇌는 감정에 의해 통제불가능한 상태가 된다. 이러한 상황을 완화하는 한 가지 방법은 당면한 일에 집중하는 것이다."

회사를 싫어하는 감정은 분명 스트레스를 받는 일일 것입니다. 그러한 스트레스를 줄이기 위해 자기 일 자체에 집중해보는 것이 도움이 될 수 있음을 그녀는 강조합니다.

물론 바로 회사를 떠나도 되는 상황이고, 싫어하는 사람을 안 볼 수 있는 상황이라면 그렇게 해도 될 것입니다. 하지만 대부분 그렇지 않습니다. 당장 회사를 그만두기엔 다음 달 카드값이 걱정되고, 두 달 뒤 추석 보너스가 아쉽고, 차량할부가 아직 남아 있습니다. 당장 싫어하는 사람을 싫어하기엔 당분간 매일 봐야 하는 얼굴입니다. 상사를 싫어하기엔 바로 다음 달이 인사고과 시즌입니다.

지금 다니는 회사가 정이 가질 안 나요? 함께 근무하는 사람들이 꼴 보기 싫은가요?

이해는 합니다. 하지만 일단은 지금 하는 일에서 '성장의 요소'를 찾아보세요. 그 요소를 바탕으로 여러분이 하는 일 자체에 좀 더 집중하도록 노력해보세요. 싫은 감정이 조금은 무뎌지며 나름 적응해가는 자신을 발견할 수 있을 것입니다. 좀 더 편해지고 수월해진 부분도 생겨날 것입니다. 그렇게 적응해가는 것입니다. 그것이 현실적입니다. 지금 다니는 회사를 반드시 좋아하라는 말씀을 드리고 싶지는 않습니다. 좋아하지 않아도 적응은 할 수 있다는 말씀은 드리고 싶습니다.

좋아하는 일을 회사에서
시작하는 가장 간단한 방법

> 삶은 다음의 두 가지로 이루어진다. 하고 싶지만 불가능한 일과 가능
> 하지만 하고 싶지 않은 일이다.
>
> _ 괴테(독일 문학가)

여러분 중에는 틀림없이 지금 하는 일이 마음에 들지 않는 분
도 계실 겁니다.

'지금 하는 일이 마음에 들지 않는데 어쩌지?'
'회사에서 다른 일도 해보고 싶은데….'
'계속 이 일을 해야 하나?'

저는 대학교 때부터 마케팅에 관심이 많았습니다. 대학 졸업 후 대기업에 입사하며 처음 들어간 팀이 영업·마케팅팀이었습니다. 그런데 막상 일을 해보니 마케팅보다는 영업에 관한 일이 많았습니다. 제가 생각했던 마케팅 업무와는 거리가 멀었습니다. 그 이유가 전부는 아니었지만 1년 2개월만에 회사를 그만두었습니다. 이직할 땐 마케팅만 할 수 있는 회사로 입사했습니다. 업무 만족도는 전보다 높아지긴 했습니다. 하고 싶었던 일이었으니까요. 상품을 기획하고, 가격을 매기고, 디자인팀과 협업하여 디자인을 확정하고, 홍보매체를 정하고, 판매량을 점검했습니다.

문제는 월급이었습니다. 전에 다니던 회사에 비해 월급이 40% 가량 줄어들었습니다. 박탈감이 컸습니다. 새로 들어간 회사는 중견기업이었거든요. 연차, 보너스, 휴가, 직원편의시설 등 다양한 측면에서도 불만이 생겨나기 시작했습니다. 1년 뒤 또 다른 회사로 이직해 있는 저 자신을 발견했습니다. 최근 신입사원들의 눈으로 보면 마음대로 이직을 하는 것이 능력처럼 보일 수도 있겠지만요. 글쎄요. 저는 그렇게만 생각되지는 않습니다. 지금의 직장에서 버티든, 이직을 하든, 스타트업을 하든, 자영업을 하든, 프리랜서를 하든 장단점이 있으니까요. 완벽히 마음에 드는 일은 없습니다.

어떤 일을 하는 것이 좋을까요? 하고 싶은 일? 해야 하는 일? 돈을 많이 받는 일? 보람을 느끼는 일? 부서 간 협업이 필요한 일? 혼자서 하는 일? 큰 회사에서 하는 일? 외국계 기업에서 하는 일? 점심시간이 자유로운 일? 출퇴근이 자유로운 일?

내가 일에서 가장 중요시하는 요소는 무엇일까?

────

정답은 없죠. 자신이 만족할 수 있는 일이 정답입니다. 여러분이 만족할 수 있는 일을 찾기 위해 다음을 순서대로 고민을 해보시길 추천드립니다.

첫 번째, 일에서 어떤 요소를 중요시하는지 생각해보세요. 적성, 흥미, 돈, 시간, 여유, 워라밸, 건강, 인간관계, 명예, 권한 등 다양한 요소와 가치가 있을 수 있습니다. 모든 요소를 다 갖춘 업무는 없습니다. 여러분이 일을 고를 때, 직장을 선택할 때 우선순위를 정해야 하는 이유입니다. 그렇지 않으면 또 금방 포기하고 싶어질 수 있습니다. 금방 후회할 수도 있습니다.

두 번째, 당신이 가장 중요하게 생각하는 요소가 현재 하는 일에 얼마나 부합하는지를 따져보시기 바랍니다. 부합하는 정도가 큰 편이라면 새로운 일을 찾을 필요는 없겠죠. 부합하는 정도가 낮은 편이라면 다음의 두 가지 방법으로 나눕니다.

일단은 새로운 일을 할 수 있도록 이직을 하거나 부서를 변경하는 방법입니다. 새로운 일을 하고 싶은 의지가 높고 새로운 회사에서 원하는 일을 할 수 있다는 확신만 있다면 이직도 좋은 방법입니다. 단, 한 가지 주의사항이 있습니다. 이직하면 현재의 문제가 사라질 수는 있습니다. 하지만 새로운 문제도 생겨날 수 있다는 점을 아셔야 합니다. 하는 일이 마음에 안 들어 회사를 옮기면 연봉이 마음에 안 들 수 있고요, 연봉이 마음에 안 들어 회사를 옮기면, 진급이 잘 안 되는 처지에 놓일 수 있습니다, 진급이 잘되는 회사로 옮기면 회사매출이 줄어드는 상황을 맞이할 수도 있습니다. 완벽한 회사는 없더군요.

다른 방법은 회사 내 부서이동입니다. 이직보다는 위험도가 낮다고 생각합니다. 회사를 떠나지 않으면서 하고 싶은 일에 도전해볼 수 있으니까요. 단, 시간이 필요합니다. 짧게는 6개월, 길게는 2년 정도 현재 일을 버텨야 합니다. 새로운 업무를 하고 싶은 만큼 현재 업무도 잘해내고 있다는 사실을 사람들에게 보여줄 필요가 있기 때문입니다. 회사 차원에서도 신입사원의 직무이동요청을 좀 더 진지하고 현실적으로 고려해볼 만한 근거가 필요할 테니까요.

좋아하는 일을 찾기
vs
하는 일을 좋아해보기

———

마지막은 역逆발상입니다. 지금 하는 일을 좋아해보도록 노력하는 것입니다. '이게 웬 뚱딴지 같은 소리야?' 라는 생각이 드실 수도 있을 것 같아요. 이해합니다. 대부분 그런 말을 기대하고 이 책을 보고 계신 건 아닐 테니까요.

하지만 오해는 마세요. '지금 하는 일을 무조건 좋아해야 한다.'는 의미가 아닙니다. '지금 하는 일을 좋아하려고 노력하다 보면 지금보다는 좋아질 가능성이 있다.'는 의미입니다. 지금 하는 일이 지금보다 더 좋아지면 지금 하는 일을 더 안정적으로 할 수 있는 가능성이 커집니다. 그런 만큼 일을 덜 힘들게 해낼 수 있고요. 그렇게 해내다 보면 직장 안팎에서 새로운 기회를 맞이할 수도 있습니다. 결국 여러분의 만족감을 위한 것입니다. 새로운 일에 대한 여러분의 열망을 단념시키려 하는 것이 아니라 여러분이 새로운 일을 할 때까지 더 잘 버티도록 힘을 줍니다.

"That's the secret of happiness. Not doing what you like, but liking what you do"

"행복의 비결은, 당신이 좋아하는 일을 하는 것이 아니라 당신이 하는 일을 좋아하는 것입니다."

미국 뉴욕에서 노점상을 운영했던 한 분이 했던 말입니다. 이분은 '감자 깎는 신사Gentleman Peeler'로 불렸던 노인분인데요. 처음부터 노점일을 하고 싶으셨던 것은 아니라고 합니다. 젊은 시절 영국에서 미국으로 이민을 와 처음에는 어쩔 수 없이 이 일을 시작하신 거라고 하네요. 감자를 깎고 파는 일을 사랑하고 좋아하려고 노력하셨고, 결국은 백만장자의 꿈을 이루었습니다.

저는 이 이야기를 들으며 '하는 일을 좋아하려고 노력해보는 일도 해볼 만한 일이구나. 긍정적 효과가 있을 수도 있겠구나.'라는 생각을 했습니다. 그러고 보면, 지금 하는 일을 좋아하기 위해 노력해보는 것이 어쩌면 좋아하는 일을 할 수 있는 가장 손쉽고 간단한 일인지도 모르겠습니다.

누구나 지금 하는 일이 마음에 안 들 수 있습니다. 지금 하는 그 일이 싫어지는 때가 있을 수 있습니다. 그런데 이런 생각을 해보셔도 좋을 것 같습니다. '지금 내가 하기 싫어하는 이 일이 누군가는 그토록 해보고 싶었던 일일 수 있다.'고 말이죠.

어느 날 우연히 개그우먼 김신영 씨가 라디오 프로그램 〈정오의 희망곡〉에서 하는 말을 들었습니다.

"사실 제가 〈정오의 희망곡〉을 11년 동안 진행하게 될 줄 저도 몰랐고, 그 누구도 예상하지 못한 일이었습니다. 다른 직업을 동경하는 것은 본능이지만 중요한 건 내가 지금 하고 있는 어떤 일에 누군가가 나를 동경하고 있을 수 있습니다. 지금까지 이 일을 해온 것이 리스펙트respect입니다."

김신영 씨도 라디오 프로그램을 11년을 진행하겠다고 처음부터 마음먹은 것은 아니었나 봅니다. 하다 보니 그렇게 되었나 봅니다. 하다 보니 11년이 되었고, 하다 보니 그 일을 그 사랑하게 된 것 같아요. 여러분도 지금 하는 일을 무조건 사랑할 필요는 없겠지만 그저 해보십시오. 그렇게 해봐도 괜찮습니다. 그냥 그렇게 그저 하다 보면 아끼고 사랑하게 되는 순간이 한 번쯤은 찾아올 것입니다. 그러한 순간을 한 번쯤 경험하고 난 뒤에 다른 일, 다른 회사를 경험해보셔도 좋을 것 같습니다.

24

때론 사실보다
더 중요한 것이 있습니다

> 사실이란 것은 없고, 해석만 있다.
>
> _ 프리드리히 니체(독일 철학자)

〈어느 날〉이란 드라마가 있었습니다. 김수현, 차승원 배우가 출현했던 드라마인데요. 극 중 변호사 역할을 맡았던 차승원이 살인혐의를 받는 김수현에게 말합니다.

"사실이 무엇인지는 중요하지 않아. 무엇이 사실이어야 네게 유리한지가 중요하지."

있는 그대로의 사실과 있는 것을 바라보는 인식, 이 두 가지 차이는 우리의 일상에 어떤 영향을 미칠까요? 이는 우리의 직장생활에 어떻게 스며들어 있는 걸까요?

제가 다니던 회사에 일 잘한다고 소문난 L 대리가 있었습니다. 모든 사람에게서 업무능력을 인정받고 있었죠. 그런데 그녀도 사람인지라 실수할 때가 있었습니다. 그런데 사람들은 그녀가 실수할 때 이런 시선으로 바라보더군요.

'상황이 어쩔 수 없었나 보네. 누구라도 그런 상황에 있었다면 그런 실수를 했겠지.'

L 대리는 지각을 해도 사람들이 대충 눈을 감아주는 분위기였습니다.

'차가 많이 막혔나보네. 역시 우리나라 교통 시스템이 문제야'

반면, 일을 잘하지 못하는 사람으로 찍힌 K 과장이 있었습니다. 평소 근무태도도 불량했고 평판도 좋지 않았습니다. 그 사람이 실수를 하면 주변의 반응은 대체로 이랬습니다.

'역시나 저럴 줄 알았어! 쯧쯧…'

K 과장은 출장을 가도 사람들이 '놀러 가나보다.'라고 생각하

는 분위기였습니다.

왜 누구는 지각해도 좋게 생각하고 좋게 넘어가려 하고, 왜 누구는 일하러 출장을 간다고 해도 놀러 간다고 생각을 할까요? 이는 그 사람에 대한 이미지, 즉, 그 사람에 대한 '인식cognition'이 '사실fact'보다 먼저 작용하기 때문입니다.

때론 사실보다 인식이 먼저

여러분도 회사생활을 하다 보면 이런 생각이 들 때가 올 수 있습니다.

'어쩌다 실수 한 번 했을 뿐인데 왜 부장님은 내가 몇 번이나 똑같은 실수를 한 것처럼 말씀하시지?'

억울하기도 하고 화가 날 수도 있습니다. 실제로는 한 번인데 몇 번 그랬던 것처럼 얘기를 해버리면 당연히 그럴 수 있죠. 안타깝지만 위에서 설명한 것처럼 부장님의 당신에 대한 평소 생각과 이미지에서 그런 발언이 나온 것일 수 있습니다.

심리학에는 '동기가 부여된 추론이론theory of motivated reasoning'이란 개념이 있습니다. 사람들이 추론을 하고 의사결정을 할 때, 자신의 기존 신념, 가치, 목표가 중요한 영향을 미칠 수 있다는 점을 강조합니다. 즉, 사람들이 객관적인 사실과 증거를 찾기보다는 자신의 기존 신념과 가치를 뒷받침하는 정보를 찾고 그러한 방향으로 정보를 해석할 가능성이 더 높을 수 있다는 것이죠. 평소 가지고 있던 믿음, 신념, 이미지에 일치되도록 상대방의 말, 행동, 태도를 해석한다는 의미입니다. 털어서 먼지가 '나오느냐, 안 나오느냐'도 중요하지만 털어서 나온 것을 '먼지로 보느냐 마느냐'가 더 중요할 수도 있습니다.

회사에서 제가 별로 좋아하지 않던 동료 한 명이 있었습니다. 나서기 좋아하고 말 많고 자기 부하직원들에게 함부로 대하고, 무엇보다 저에게 거리를 두는 것 같아 저도 그다지 좋아하지 않는 사람이었습니다. 어느 날 그가 회사에서 해외출장을 간다고 했습니다. 저도 모르게 이런 생각이 들었습니다.

'어이구 지가 무슨 할 일이 있다고 해외출장까지 가? 놀러 가는구먼.'

제가 별로 안 좋아했던 S 팀장님이 계셨습니다. 평소 농땡이만 피려 하고 개인적인 일에만 관심을 두는 모습이었습니다. 그분이 유관부서랑 회의를 한다고 하면 단번에 이런 생각이 들었습니다. '어이구 평소 핑핑 놀다가 티 나면 안 되니까 일하는 것처럼 보이려고 회의까지 잡는구먼.'

물론 그 동료가 해외출장을 가서 실제로 열심히 일을 할 수도 있고, 그 S 팀장님도 정말 필요한 회의라서 유관부서와 회의를 잡았을 수 있습니다. 그런데 제게는 사실보다 제 인식이 중요했습니다. 사실보다는 제 마음이 먼저 작용했던거죠. 제 마음이 그렇게 움직였던 걸 어쩌겠습니까?

상대를 위한 것이 아닌 나 자신을 위해

그런데 그렇게 마음 가는 대로만 생각하니 제가 불편했습니다. 아무래도 부정적인 감정에 휩싸이는 경우가 더 많았으니까요. 그래서 되도록이면 좋게 생각하려 했습니다. 그 사람을 위해서가 아닌, 저 자신을 위해서요.

누군가 회사에 밉상이 있나요? 안 좋은 이미지와 안 좋은 느낌이 있는 사람이 있나요? 그래도 가끔 그 사람이 당신의 평소 믿음과 다른 행동을 할 때가 있었을 거예요. 평소 이미지와 다른 행동을 할 때가 있을 거예요. 그럴때는 그런 모습에 좀 더 집중하여 한 번쯤은 이런 식으로 생각을 해봐도 괜찮습니다.

'저 인간은 평소 자기만 아는 줄 알았는데 지금 보니 다른 사람도 좀 챙길 줄 아는구먼. 이번 튀르키예 지진 피해에 성금도 자발적으로 내는 걸 보니.'

'우리 사업부장님은 자기 사람들만 챙기는 줄 알았는데 다른 사람들에게도 관심을 가질 때가 있네.'

'김 대리님은 어떻게든 일을 남에게만 떠넘기는 사람인 줄 알았는데 그래도 자기가 할 일은 하시네.'

이런 생각을 의도적으로 해본다면 당신이 평소 안 좋은 생각, 이미지를 지닌 사람에게 조금이라도 좋은 생각을 해보는 계기가 될 수 있을 겁니다. 안 좋아하던 사람에게 좋은 생각을 하게 되면 누가 좋을까요? 바로 당신입니다. 누군가를 싫어하는 것도 에너지가 필요한 일이기 때문입니다. 절약한 에너지만큼 당신의 마음이 더 편해지고 여유로워질 수 있을 겁니다. 결국, 당신을 위한 제안입니다. 결국, 당신을 위한 마음입니다.

IV

오늘도 회사용 부캐로 출근합니다

25

회사용 '부캐' 하나쯤
필요한 이유

> 자아Ego는 진짜 너가 아니다. 자아는 너의 셀프self 이미지이다. 그것
> 은 너의 사회적 가면이고 네가 하는 역할이다.
>
> _ 디팩 초프라(작가, 의사)

　L 신입사원과 상담을 한 적이 있습니다. 그는 입사 전부터 혼
자서 지내는 것을 좋아했습니다. 주로 혼자서 밥을 먹고, 혼자
서 게임을 하며, 혼자서 산책을 하는 것을 좋아했습니다. 입사
후 적응을 잘하지 못했다고 했습니다. 회사란 곳이 아무래도 혼
자만 지내기엔 어려운 조직이니까요. 처음에는 잘 적응해보려
고 주위 동료들에게 말도 먼저 걸어보고, 일부러 잘 웃기도 하
는 시도도 했다고 합니다. 일종의 '친교 행동friendly behavior'이

죠.

 하지만 속으로는 불편한 마음이 가지실 않았다고 했습니다. 결국 그는 입사한 지 6개월만에 퇴사를 했습니다. 지금은 혼자 할 수 있는 일을 알아보고 있다고 합니다. 그는 당시 스스로 '가면을 쓰고 있다.'는 생각이 들었다고 했습니다. 그 가면이 그에게는 너무 맞지 않는 가면이었던 것 같아요. 평소 심리적 가면을 써보지 않았기 때문에 회사에서 새로운 가면을 쓰는 행위 자체가 그에게는 부담이었던 것이죠.

 그의 사례를 보며 이런 생각이 들었습니다. 평소 자신의 모습과 다른 모습의 부캐부캐릭터를 하나 준비해두는 것은 어떨까? 세상을 살아가면서 필요한 상황에서 바로 사용할 수 있는 부캐말이죠.

부캐 하나쯤은 필요한 회사생활

 평소의 나와 다르게 회식 자리에서 즐겁게 어울릴 수 있는 부캐, 처음 보는 사람에게도 쉽게 말을 걸 수 있는 부캐, 모르는 것이 있을 때 용기 내서 물어볼 수 있는 부캐를 평소에 준비해두는 것입니다. 그것은 자신이 생각하는 원래의 '나'와는 다르지만, 현실의 상황에서 나의 적응을 도와주는 또 하나의 '나'입니다. 부캐라서 부담도 덜 합니다. 물론 일관성 있는 모습을 가지는 것은 바람직할 것입니다. 하지만 '나는 단 하나의 모습만 있는 사람이다.'라고만 생각하면 그만큼 다른 상황에 적응하기 힘들어질 수 있습니다.

제가 생각하는 저의 원래 모습은 이렇습니다. '분위기를 주도하고, 할 말은 하고 어색한 분위기를 가만히 내버려두지 않으며, 나를 알거나 나를 마주치는 모든 사람이 나에게 호감을 느끼길 바라는' 그런 사람이 저라고 생각합니다. 그런 사람이 '본래의 저'라고 생각합니다. 저의 메인 캐릭터죠.

하지만 회사에서는 그런 모습에 도전을 받습니다. 모든 회의에서 제가 분위기를 주도할 수는 없고, 모든 상황에서 제가 나서서 분위기를 띄울 수도 없는 노릇이며, 업무적으로 마주치는 모든 사람이 나에게 호감을 느낄 수는 없습니다. 처음에는 그러한 괴리감에서 오는 고통 때문에 이런 생각도 했습니다.

'나는 회사생활이 안 맞는 사람인 것 같다. 나는 지금 부서가 안 맞는 것 같다. 본래의 나를 보여주기 힘드니까'

그래서 퇴사를 고민하기도 했고 다른 팀으로 옮겨 보려고도 했습니다. 실제로 이직도 세 번 해봤고 남들보다 팀도 자주 옮겼던 것 같습니다. 물론 그렇게 해서 만족한 적도 있었지만 후회한 적도 많았습니다. 본질적인 문제는 '그곳을 떠나는 것'으로 해결되지 않았기 때문입니다. 내가 생각하는 본래의 내 모습을 보여주며 일하고 사람들과 어울리며 월급 받을 수 있는 곳이 얼마나 될까? 이런 생각이 들었습니다. 자기가 하고 싶은 대로 자신의 본모습대로 판단하고 행동할 수 있는 직장은 많이 없을 거란 생각을 했습니다. 회사 차원에서는 나의 본모습보다 회사가 원하는 모습이 더 중요할 수 있기 때문이지요.

그래서 이후엔 이렇게 생각하기로 했습니다.

'나에게는 한 가지 모습이 아닌 다양한 모습이 있다. 어색한 분위기에도 조용히 인내하고, 하고 싶은 말도 참고, 나를 별로 좋아하지 않는 상대를 덤덤히 상대하는 나도 나다.'

스스로 저의 또 다른 모습을 인정한 것입니다. 그렇게 생각하니 다른 상황에 더 편히 적응할 수 있었습니다. 다른 상황에 더욱 수월하게 녹아들 수 있었습니다. 여러분도 혹시 직장에서 자신과 안 맞는 부분이 많다고 느껴지시거나 원래의 내 모습대로 생활하기에 안 맞는 부분이 많다고 느껴지시면 이런 생각을 해보시면 좋을 것 같습니다.

부캐라서 편안해요

'회사 밖에서 편하게 지내는 모습의 나도 나고, 회사 안에서 약간 불편하게 지내는 모습의 나도 나다. 나의 범위를 확장시키자.'

나의 범위를 확장시켜주는 '부캐'를 하나 준비하면 좋은 이유입니다.

저도 최근에 추가한 부캐 하나가 있습니다. '그래도 할 말은 하자.' 부캐입니다. 저는 평소 '웬만하면 내가 참자. 말해서 뭐하나?' 하는 스타일입니다. 그런데 항상 그냥 넘어가기만 하니 저 스스로 답답하고 울화통이 터질 때가 있더라고요. 그래서 '할 말은 정중하게 하는' 부캐를 추가한 겁니다. 필요할 땐 그 캐릭터를 갖다 쓰지요. 원래의 내 모습에서 용기를 내는 것이 아닌, 원래 용기를 잘 내는 부캐를 가져다 쓰는 것인 만큼 더 수월합니다. 잠시 다른 제가 되는 것이니까요. 원래 저는 그대로 남으니까요. 원래의 저를 아예 바꾸는 것이 아니므로 부담이 덜합니다.

여러분은 회사에서 어떤 부캐를 만들어보고 싶나요? 필요할 때 꺼내 쓰는 부캐, 만들어두면 참 편한 또 하나의 '나'입니다.

26

짧은 시간, 짧은 보고로
부장님 마음 사로잡기

> 당신이 첫인상을 만들어 낼 두 번째 기회는 없다.
>
> _ 윌리엄 로저스(공연가, 배우)

"첫인상이 중요하다."는 말은 수없이 들어보셨을 겁니다.

심리학에는 '초두효과primacy effect'라는 것이 있습니다. 처음에 제시된 정보가 나중에 제시된 정보에 비해 더 큰 심리적 영향을 끼치는 효과를 말합니다. 회사에서는 어떻게 활용해보면 좋을까요? 가장 쉽게 자주 사용해볼 수 있는 상황 중 하나는 상사나 팀장님께 보고할 때입니다.

나	팀장님 보고를 드려야 할 것이 있는데요.
팀장님	네 뭔가요?

이런 상황에서 여러분은 첫 마디를 어떻게 시작하시겠어요? 거두절미하고 결론부터 말해보는 겁니다. 과감히 결론부터 가보는 겁니다.

상황1	C 브랜드를 매장에서 철수시켜야 할 것 같습니다. **결론**
상황2	내일 급하게 좀 연차를 써야 할 것 같습니다. **결론**
상황3	이번 주까지 드리기로 한 보고서 제출이 좀 늦어질 것 같습니다. **결론**

왜 결론부터 말하면 좋을까요?

여러분의 팀장님은 생각보다 할 일도 많고 신경 쓸 일도 많으신 분들입니다. 여러분은 중요하다고 생각할 수 있지만, 팀장님은 중요하게 생각하시는 것이 다를 수 있습니다. 여러분이 중요하다고 생각해서 처음에 결론을 제시하지 않고 서론부터 구구절절 설명하다 보면 바쁘신 팀장님은 결론을 못 들고 자리를 떠나는 불상사가 생길 수도 있습니다.

보고를 받는 사람 입장에서 생각해보기

———

팀장님은 보고를 받자마자 웬만하면 '아 이건 좀 더 얘기를 들어봐야 하는 것이다.' 또는 '아 이건 별로 중요하지 않다.'와 같은 판단을 금방 하십니다. 결론부터 던져 놓고 보고를 더 들어볼 것인지 아닌지에 대한 판단을 팀장님께 맡겨 버리는 겁니다. 더 듣겠다 하시면 더 보고를 하면 되고요. 안 듣겠다 하시면 나머지는 팀장님의 책임입니다. 그 뒤를 안 들으신 건 팀장님이니까요. 팀장님이 중요하다고 생각하시거나 추가적인 질문이 필요하다 느끼시면 팀장님이 계속 들으실 겁니다. 보고는 이어집니다.

나	C 브랜드를 매장에서 철수시켜야 할 것 같습니다. 결론
팀장님	응 왜지? 이유를 질문함, 중요하다고 생각했거나 이유가 궁금하기 때문
나	C 브랜드에서 매장을 빼겠다고 먼저 연락이 오기도 했거니와, 우리 회사 차원에서도 다른 새로운 브랜드를 입점시키는 것이 이익을 늘리는 데 유리하다고 판단했기 때문입니다. 이유

이처럼 보고할 때에는 간결하게 결론부터 말하면 좋습니다. 팀장님은 중요하지 않은 이슈라고 생각하시거나 이유가 짐작이 가면 "음 일단 알겠어요." 하고 말 것입니다. 추가적인 이유가 궁금하시거나 하고 싶은 말이 생기면 더 시간을 할애하실겁

니다. 그때 여러분이 추가적인 보고와 의견을 드리면 됩니다. 처음부터 여러분이 하고 싶은 말을 늘어놓다 보면 팀장님, 듣는 사람 처지에서는 '장황하다.' '대충 무슨 말을 하려고 하는지 알겠는데 빨리 끝냈으면 좋겠다.' '지금은 좀 바쁜데 빨리 얘기했으면 좋겠다.' '그건 중요한 것 같지 않은데 왜 이리 말을 길게 하지?' 와 같은 생각을 하실 수도 있습니다.

보고서를 작성할 때도 마찬가지입니다. 결국 하고 싶은 말, 꼭 해야 하는 말을 보고서 시작에 제시하는 것이 좋습니다. 초두효과로 인해 처음에 제시된 문장과 내용에 더 많은 관심과 주의를 보이기 때문입니다. 결론부터 들으면 사람들은 자연스레 그 이유가 궁금해지기 마련입니다. 상대가 더 주의를 기울인 상태에서 여러분이 말하고 싶은 것을 더 잘 전달할 수 있습니다.

어차피 할 거라면 먼저 하는 것이 나을 수도
———

회사에서 하기 싫은 일이지만 어차피 한 번씩은 돌아가며 해야 할 일이라면 먼저 하는 것이 낫습니다. 이때도 초두효과의 혜택을 볼 수 있기 때문입니다. 예를 들면, 당직근무 순서 정하기가 해당이 됩니다. 어차피 한 번은 당직근무를 서야 하는 상황이라면 처음 손을 들고 처음 당직근무를 서는 것이 낫습니다. 중간에 서거나 마지막에 서는 것보다는 더 인상적일 수 있습니다. 자신의 물건을 통해서도 초두효과를 전달할 수 있습니다.

예를 들어, 책상이 깔끔하게 정리되어 있을 때 사람들은 '이 책상의 주인은 깔끔하고 정돈된 이미지군.' 하는 인상을 받을 수 있습니다.

초두효과와 비슷한 개념으로 '퍼스널 룩personal look' 이라는 개념이 있습니다. 퍼스널 룩이란 사람들이 다른 사람의 신체적 외모, 옷차림, 행동을 보고 그 사람에 대한 인상을 형성하는 심리를 말합니다. 이는 종종 무의식적으로 이루어지며, 누군가의 성격, 성향, 신뢰성 등을 판단하는 데 영향을 미칩니다.

책상 정리 상태는 퍼스널 룩의 한 요소입니다. 책상이 깔끔하고 정리된 사람은 조직적이고 책임감 있는 사람으로 보일 수 있는 반면, 책상이 지저분하고 어수선한 사람은 산만하고 무책임한 사람으로 보일 수 있습니다. 그래서 저는 웬만하면 책상에 물건을 많이 올려두지 않고 최대한 깔끔하게 보이려 신경을 씁니다.

이처럼 '초두효과'와 '퍼스널 룩' 직장에서 긍정적인 효과 만드는 데 도움을 주는 제법 유용한 심리학 이론입니다. 당신이 제공하는 '첫 번째'는 생각보다 큰 힘을 가지고 있습니다. 내일 아침 출근을 할 때는 평소보다 더 큰 목소리와 더 밝은 웃음으로 동료들에게 인사를 해보는 건 어떨까요? 하루의 첫인상은 아침의 첫인사에서 묻어 나올 수 있기 때문입니다.

27

사람들 앞에서
그리 떨 필요가 없는 이유

> 당신이 입 밖으로 내뱉는 것이 당신의 삶을 결정하는 것이 아니라,
> 당신이 속으로 말하는 것이 당신의 삶을 결정짓는다.
>
> _ 로버트 기요사키(미국 경제학자)

회사에서 높은 분들 앞에서 발표하게 될 기회가 있었습니다. 제가 모시던 팀장님이 다른 일로 자리를 비워서 제가 대신 발표를 해야 하는 상황이었습니다. 사장님, 임원진들 앞에서요. 정말 높은 분들이죠. 무척 떨렸습니다. 준비하면서도 떨렸고 발표를 하는 중간에도 떨렸고 발표를 한 뒤로도 떨렸습니다. 떨림의 여운이 가시질 않았습니다. 제가 발표를 하는 중간에도 제가 떨고 있다는 것을 인지할 정도였습니다. 발표 중에 말을 하면서도 생

175

각했습니다. '떨지 말자. 떨지 말자. 더듬지 말자. 생각했습니다.

그 모습을 지켜보던 다른 사람들도 제가 떨었던 사실을 당연히 알았을 것으로 생각했습니다. 당연히 티가 났을 거로 생각했었죠. 발표가 끝난 후 당시 그 자리에 있었던 한 후배와 차를 한 잔 마실 기회가 있었습니다. 그 후배에게 슬쩍 물어봤습니다.

"길상아. 나 그때 떨었던 거 많이 티가 났냐?"
"아뇨. 전혀 그렇지 않았는데요. 역시 ○○○의 유재석"

이러면서 제게 엄지손가락을 치켜세워 주었습니다. 나중에 안 사실이지만 다른 사람들도 대부분 그 후배처럼 느꼈었다고 하네요. 제가 긴장한 것을 몰랐대요. 희한했습니다.

'나는 그렇게까지 떨었는데 왜 그게 티가 안 났지? 사람들은 왜 몰랐지?'

사람들은 어차피 나의 떨림을 모른다

심리학에는 '투명성의 착각Illution of transparency'라는 심리학 용어가 있습니다. 사람들이 자신의 정신이나 마음을 잘 들여다 보고 있다고 착각하는 경향을 말합니다.

생각해보면 우리는 투명성의 착각을 종종 하는 듯 합니다.

'나는 나니까' 나에 대해서 잘 압니다. 나의 머릿속 생각들, 긴장한 손과 발에서 흐르는 식은땀. 미세하게 떨리는 목소리. 어색한 표정. 이런 것들은 나니까 알 수 있는 것들입니다. 하지만 상대방은, 청중은 나만큼은 모릅니다. 내가 아니기 때문이죠. 내 안에서 일어나는 심리적·물리적 현상들이 상대방에게 있는 그대로 보이지는 않겠죠. 내가 느끼는 것 그대로 타인이 알아채기는 힘들 것입니다.

그러니 발표를 앞두고 있다면, 몹시 긴장되는 일이 있다면 이렇게 생각해보는 건 어떨까요?

'발표를 앞두고 너무 떨린다. 하지만 괜찮다. 어차피 사람들은 내가 떠는 것을 잘 모를 테니. 준비한 대로만 열심히 하자.'

'그냥 준비한 대로 저들에게 유익하고 재미있는 정보를 전달한다 생각하자.'

맞습니다. 어차피 사람들은 당신의 떨림을 잘 모릅니다. 그러므로 좀 떨어도 괜찮습니다.

사람들은 당신의 발표에
큰 관심이 없을 수 있다

————

당신이 발표를 앞두고 있다면 용기를 줄 만한 또 한 가지 희소식이 있습니다. 청중은 당신의 발표에 당신이 생각하는 만큼 집중할 가능성이 크지 않습니다. 미국의 한 소프트웨어 회사 아틀란시안Atlassian에서 설문조사를 했습니다. 이 결과에 따르면, 회의 참석자의 91%는 회의 때 딴생각이나 공상에 빠질 때가 있었고, 73%는 다른 업무를 볼 때가 있었으며, 39%는 졸 때가 있었다고 응답했습니다.[10]

어때요? 마음이 조금은 편해지지 않나요?

생각해보면 저 역시도 발표시간이나 회의시간에 내내 집중했던 적은 거의 없었던 것 같습니다. 딴생각을 하거나 딴짓을 하거나 다른 업무를 봤던 적이 잠깐이라도 있었습니다. '집중해야지.' 다짐해도 그게 쉬운 일은 아닙니다. 딴 생각하는 것을 들키지 않을 만큼의 딴 생각을 해왔던 것 같아요. 어쨌든 남의 이야기에 집중하는 것은 쉬운 일은 아니죠. 냉정하게 말하면, 당신 앞에 앉아 있는 사람들은 생각보다 당신의 발표에 큰 관심이 없는 사람들입니다. 생각보다 당신에게 큰 관심이 있는 존재는 아닙니다. 그러니 발표에 대해 조금은 편안하게 생각하시면 좋겠습니다.

요약하면, 어차피 모든 청중이 당신의 떨림을 정확히 알아볼 수 있는 것도 아니고, 모든 청중이 당신의 발표 내내 집중하기는 어렵습니다. 그런데 굳이 떨 필요가 있을까요? 떨 이유가 남아 있을까요? 그냥 준비한 것을 담담히 말하고 내려오시는 것이 어떨까요? 그리고 퇴근 후 홀가분한 마음으로 집에서 시원한 캔 맥주 어떨까요? 오늘 하루 긴장했던 자신에게 주는 선물이죠.

버트런드 러셀은 1950년 노벨 문학상을 수상한 작가이며, 현대분석철학을 창시한 철학자입니다. 그는 수학, 논리학, 철학, 역사, 사회개혁 등 다방면의 분야에서 활동을 했으며 수많은 업적을 남겼습니다. 그는 이런 말을 남긴 적이 있습니다.

"나는 연설을 잘하든 못하든 우주는 전혀 변함이 없으며, 연설의 성공 여부가 큰 의미가 있는 것은 아니라는 점을 차츰 터득해갔다. 게다가 연설을 잘하느냐 못하느냐에 신경을 덜 쓸수록 솜씨가 더 나아진다는 것을 깨달았다. 이렇게 차츰 정신적 긴장이 덜해지면서 마침내 거의 긴장을 덜 느끼게 되었다."

당대 최고의 명사名士로 칭송받았던 그도 발표에서 떨었나 봅니다. 하지만 그의 말처럼 신경을 덜 쓰고 부담을 줄일수록, 의외로 더 자신감 있고 당당하게 발표에 임할 수 있다는 사실을 기억했으면 좋겠습니다.

28

모두 다 '그런 것처럼 보이는' 팀에도 '그렇지 않은' 팀원이 있다고요?

> 편견은 과거를 혼란스럽게 하고 미래를 위협하며 현재를 접근하기 어려운 것으로 만든다.
>
> _ 마야 안젤루(시인)

단체에 대한 이미지와 그 단체를 구성하고 있는 구성원들에 대한 이미지는 구별해야 합니다. 무슨 말이냐고요? 예를 들어 설명해보겠습니다. 제가 마지막 회사에 다닐 때 유통업 영업팀에 꽤 오래 근무를 했습니다. 영업팀에 근무하며 ○○팀을 바라볼 때는 이런 생각을 했습니다.

'일도 제대로 못 하면서 어깨에 잔뜩 힘만 주고 다니는 놈들'

직무순환제도에 의해 제가 그 ○○팀으로 발령이 난 적이 있었습니다. 그곳에서 근무를 해보니 그 안에서도 다양한 구성원이 있음을 깨달았습니다. 어깨에 힘은커녕 항상 겸손했던 팀원, 생각보다 소박하고 털털한 구성원. 안에서 보니 밖에서 볼 때보다 참 다양한 사람과 다양한 상황이 있었습니다. 저는 그것도 모르고 하나의 집단을 하나의 시각으로 바라봤던 것이었습니다.

당신이 집단에 가지는 단일화된 이미지의 위험

———

여러분도 혹시 다른 팀이나 다른 회사를 그저 하나의 시각으로만 바라보고 있지는 않나요? 그 생각에 맞춰 판단하고 일을 처리하고 있지는 않나요? 여러분이 보기에 항상 바빠 보여서 나를 잘 도와줄 것 같은 팀원이 한 명도 없을 것 같은 팀에도, 분명 당신을 도와줄 사람은 있습니다. 당신이 적응을 잘하지 못할 것 같은 분위기를 가진 팀에서도, 분명 당신의 적응을 도와줄 사람도 있습니다. 그러니 다른 팀, 다른 그룹, 다른 조직, 다른 사업부, 다른 회사를 바라볼 때 하나의 이미지로만 판단하지 않으시면 좋겠습니다. 그 안에는 당신이 속한 조직의 사람들처럼 다양한 사람이 있을 테니까요.

이번에는 좀 다른 얘기를 해볼까 합니다. 사람들은 반대로 자신이 속한 조직에서 "자신만은 다르다."라고 생각하는 경향이 있습니다. 이것도 무슨 말인지 설명해보겠습니다.

저는 영업팀 근무 당시 이런 생각을 했습니다.

'사람들은 일반적으로 영업팀을 무조건 매출만 중요시하고 회식만 많이 하고 어려운 협상 같은 것은 할 기회가 없는 팀이라고 생각할 것이다.'

그러면서 저 스스로 이런 생각을 했습니다.

'하지만 나는 다르다. 나는 매출뿐만 아니라 손익에도 신경을 쓴다. 회식도 꼭 필요한 회식만 하고 브랜드 담당자와 영업담당자로서 협상할 기회도 많다. 나는 사람들이 흔히 생각하는 영업팀 사람의 이미지와 다르다.'

즉, 제가 속한 영업팀을 바라보는 사람들의 일반적 시각에 나는 부합하지 않는다고 생각했던 것이죠. 왜 저는 다른 집단의 구성원들은 하나의 모습에 가두려고 하고 내가 속한 우리 집단의 구성원들은 저를 포함하여 제각각의 모습이 있다고 생각했을까요?

심리학에는 '외집단 동질성 편향Outgroup homogenety bias'이라는 개념이 있습니다. 자신이 속한 집단의 개개인들은 개개인만의 특성이 있다고 생각하지만 다른 집단에 대해서는 그 집단에 대한 하나의 이미지로만 판단하는 경향을 말합니다.

여러분은 '군인'하면 어떤 느낌이 떠오르시나요? 한 직업군인이 여러분 앞에 있다고 상상해봅시다. 그 군인은 다음 두 가지 이미지 중 어디에 더 가깝나요?

a   씩씩하고 크게 말하며 딱딱하고 안경도 쓰지 않은
b   다정하고 조곤조곤 말하며 부드럽고 안경을 쓴

아마 많은 분이 a라고 답하셨을 것 같습니다. 물론 '군인'이라는 한 가지 정보만 가지고 말이죠. 그런데 제가 실제로 군상담을 다니며 봤던 많은 장교들은 a, b 스타일이 섞여 있었습니다. 군이라는 하나의 집단 안에서 실제로는 많은 군인들의 다양한 모습, 성향, 인상이 있었습니다. 제가 속하지 않은 다른 집단을 하나의 모습으로 보게 되는 무의식이 작용했던 겁니다.

'저 팀은 이미지가 딱딱하고 보수적으로 보여. 그러니 업무 협조 요청을 해봐도 소용없을 거야.'
'영업팀은 원래 실적만 중요시해서 이런 디자인적 요소는 중요하게 생각하지 않을 것 같은데…어쩌지?'

도움을 받지 못할 것 같은 집단에도
당신에게 도움을 줄 사람이 있는 이유

———

다른 그룹 안에는 당신이 생각하는 이미지에 부합하는 구성원도 있겠지만 그렇지 않은 구성원도 분명 있습니다. 당신이 속한 팀의 팀원들을 하나의 성향이나 이미지로 규정지을 수 없는 것처럼요. 그러니 필요한 일이 있을 땐 팀 자체에 대한 선입견을 잠시 접어두고 용기를 내보시길 바랍니다. 물어보고 싶은 것이 있으면 물어봐도 괜찮습니다, 요청하고 싶은 것이 있으면 요청해봐도 괜찮습니다. 당신이 생각했던 것보다는 다양한 사람이 그 안에 있음을 알고 깜짝 놀랄 것입니다.

다른 집단을 하나의 이미지로만 바라보는 것은 다른 편견을 야기할 수도 있습니다. 미시간 호프 컬리지의 심리학과 데이비드 마이어스David Myers 교수는 "외집단 동질성 편향이 우리로 하여금 편견과 차별로 이끌 수도 있다."고 경고한 바 있습니다.[11] '저 집단에는 이미지와 다른 구성원도 분명 있을 것이다.'는 생각을 한다면, 의도치 않은 편견과 차별을 피할 수 있을 것입니다. 내가 속한 집단에 나를 포함한 다양한 사람들이 있듯, 다른 사람이 속한 다른 집단에도 다양한 사람들이 있다는 것을 잊지 맙시다. 그 안에 또 다른 기회와 가능성이 있다는 사실을 기억합시다.

29

다른 사람에 대해 생각할 때
흔히 빠지기 쉬운 오류

'합의'라는 거짓 피난처에서 안전을 바라지 마라.
— 크리스토퍼 히친스(작가, 저널리스트)

저는 A 차장님과도 B 차장님과도 어느 정도 친분이 있었습니다. 어느 날 A 차장님과 대화를 나누었습니다. A 차장님이 말씀하시더군요.

"나는 B 차장과 대화할 때는 어느 정도 벽이 있는 기분이야. 다른 사람들도 B 차장에 대해 그렇게 느끼고 있고…."

저는 깜짝 놀랐습니다. A 차장님이 그렇게 생각하고 있는 줄 전혀 몰랐거든요. A 차장님이 B 차장님에 대해 어느 정도 거리 감을 느끼는 것을 알고는 있었습니다. 그런데 다른 사람들도 B 차장님께 자신이 느끼는 것처럼 똑같이 느끼고 있을 거로 생각하고 계신지는 몰랐습니다. 제가 보기엔 그렇지 않거든요. 제가 알기론 대부분의 사람은 B 차장님을 편하게 생각하며 친근하게 대하고 있었거든요. 의아했습니다.

'왜 자신이 생각하는 것처럼 다른 사람들도 그렇게 생각하고 있을 거라 믿지?'

사실 생각해보면 저도 그랬던 적이 있습니다. 카페에 갔을 때 입니다. 키오스크로 주문을 하는 상황이었습니다. 커피&케이크 세트를 주문하려고 했는데 점원을 통해 확인해보니 해당 메뉴는 주문이 안 된다고 했습니다. 재고가 없다는 겁니다. 그래서 제가 한 마디 했습니다.

"아 그렇군요. 그럼 키오스크 메뉴에서 처음부터 빠져 있었으면 좋았을 텐데요."

제사 생각했던 반응은 "아. 네, 그렇네요. 죄송합니다. 사장님께 말씀드려 바로 반영하겠습니다." 뭐 이 정도의 반응이 올 줄 알았습니다.

그런데 그 아르바이트 학생은 당당하게 말했습니다.

"사장님이 안 뺐어요."

순간 '뭐지?' 싶었습니다. 자신은 아무 상관없다는 듯 말이죠. 당시 그 카페에는 그 아르바이트생 혼자 있었습니다. 어쨌거나 그 시간만큼은 그 아르바이트생이 가게를 대표해서 근무를 하고 있는 것 아닌가요? 그러한 말과 행동에 너무나 책임감이 없다고 느껴졌습니다. '그럼 내가 사장님께 직접 메뉴에 대해 얘기를 해야 하는 건가?' 싶었습니다. 동시에 '다른 사람들도 그동안 이 아르바이트생의 태도에 불편을 겪고 있을 것이다.'라는 생각이 들었습니다. '다른 사람들의 생각도 내 생각과 크게 다르지 않을 것이다.'라는 생각을 했던 거죠. 그래서 용기를 내어 아르바이트생에게 불편을 얘기하고, 결국 사장님과도 통화가 되어 해당 내용을 호소했던 적이 있습니다.

여러분도 그랬던 적 있나요? '내가 생각하는 대로 다른 사람들도 생각할 것이다.' 라고 말이죠.

"다른 사람들도 나와 같이 생각하고 있을 것이다."는 착각

―――

심리학에는 '허위 합의 효과 False-consensus bias'라는 개념이 있습니다. 쉽게 말하면 남들도 나처럼 생각하고 있을 것으로 생각하고 믿는 경향을 말하죠.

'내가 생각하는 것이 다른 사람들이 생각하는 것과 큰 차이가 없을 것이다.'

이런 생각을 적당히 한다면 자신감과 용기를 가지고 일을 추진하는 데 도움이 될 수 있겠죠. 하지만 이런 생각에 지나치게 의존하다 보면 자신도 모르게 독단적이 될 수도 있습니다.

'나는 회의자료를 출력해줘도 잘 보지 않으니 다른 사람들도 자료가 굳이 필요없겠지??'
'내가 회식하는 것을 안 좋아하니 다른 사람들도 회식하는 것을 안 좋아하겠지?'
'내가 이 사람을 싫어하니 다른 사람들도 이 사람을 별로 안 좋아 할 거야.'

자신이 그렇게 느끼니 다른 사람들도 그렇게 느낄 수도 있습니다. 하지만 아닐 수도 있습니다. 주위 사람들과 확인을 통해 자신의 생각과 다른 사람들과의 생각을 확인해보는 노력이 중요한 이유입니다. 그렇지 않으면 독단적인 사고에 빠질 수 있기 때문입니다. 직장에서 여러분이 이러한 편향에 빠지지 않도록 어떻게 하면 좋을까요?

내 생각과 사람들의 생각은 다를 수 있다

———

평소 다양한 관점을 받아들이는 연습을 해야 합니다. 다른 생각, 의견, 관점들이 있을 수 있다는 점을 인지해야 합니다. 자신의 생각을 행동으로 옮기기 전에 다른 사람들의 생각은 어떤지 충분히 검증하고 확인해봐야 합니다.

이를 위해서는 자신의 가설을 점검해봐야 합니다. 앞선 사례에서 나왔던 A 차장님은 검증 없이 자기 생각과 다른 사람들의 생각이 같다고 믿어버렸습니다. 그리고 제게 그 믿음을 얘기했고요. 저는 그런 생각에 반감이 들었습니다. 물론 제가 이런 반감을 A 차장님께 표현하지는 않았지만 분명 A 차장님에 대해 좋은 생각은 들지 않았습니다. 만약 A 차장님이 자기 생각을 제게 단언하기 전에 제게 "B 차장에 대해 어떻게 생각하는지?"를 저에게 물어보셨으면 하는 아쉬움이 남습니다. 그럼 저는 제 생각을 얘기했을 것이고, A차장님은 '아 다른 사람은 그렇게 생각하지 않을 수도 있구나.' 했을 수 있습니다. 그럼 저에게 B차장님에 대해 그런 식으로 저에게 말하지 않았을 것이고요. 다른 사람들의 생각을 단정하기 전에 이렇게 확인부터 해보는 과정이 필요한 이유입니다.

'내 생각과 다른 사람들의 생각이 다를 수도 있다.'고 생각하는 것이 다른 사람들과 자신의 생각 차이를 좁힐 수 있는 첫 번째 단계입니다. 거기서 발생하는 실수와 오류를 줄일 수 있는 방법입니다.

부장님 기억
왜곡 사건

> 사람들은 자기가 보고 싶은 것만 보고, 자기가 듣고 싶은 것만 들으며, 기억하고 싶은 것만 기억한다.
>
> _네일 가이만(작가)

부장님 아니 P 대리, 이번 디자인 외주작업을 A업체에 주면 어떡해? 실력은 있는지 몰라도 비용이 비싸서 예산을 초과할 것 같은데. 내가 저번 회의 때 분명히 말했던 것 같은데…"

P 대리 아, 저 그게… 저번 회의 때 부장님께서…"

P 대리는 오늘도 부장님 때문에 짜증이 납니다. 분명 엊그제

업체선정 회의에서 A업체와 계약해도 좋다는 뉘앙스로 말해놓고, 이제 와서 "왜 A업체와 계약했냐?"고 다그치기 때문입니다. 왜 사람들은 자기가 한 말을 제대로 기억하지 못할까요? 왜 똑같은 말이라도 자기에게 유리하게 해석하는 것일까요?

우리의 기억은 얼마나 정확할까?

《잃어버린 시간을 찾아서》를 쓴 프랑스의 소설가 마르셀 프루스트Marcel Proust는 이런 말을 했습니다.

"과거의 일을 기억한다는 것이 꼭 과거를 있는 그대로 기억하는 것은 아니다."

회사에서도 비슷한 경우를 많이 봅니다. 분명 자기가 그렇게 말해 놓고서 그렇게 말한 적 없다고 말하는 부장님, 분명 자기 때문에 출장 일정이 변경되었는데 다른 이유에 의해서 출장 일정이 변경되었다고 믿고 있는 박 차장님, 저번에 자신도 교통체증 때문에 지각을 한 적이 있으면서 차가 막혀서 지각하는 사람들은 이해하지 못하겠다는 식으로 말하는 오 과장님. 이런 분들을 보면 기가 찹니다. 실제로는 그렇게 생각하지 않지만 말만 그렇게 하는 것인지, 아니면 정말 그렇게 생각해서 그렇게 말을 하는 것인지를 말이죠.

심리학에는 '확증편향confirmation bias'이라는 개념이 있습니다. 평소 자기의 신념이나 생각에 부합하는 것들을 더 잘 찾고, 더 잘 믿으려 하는 경향을 말합니다. 반대의 경우도 마찬가지입니다. 평소 자기의 신념에 부합하지 않는 정보는 무시하거나 못 본척합니다. 또는 믿지 않고 애써 부인합니다. 회사에서 사람들이 똑같은 상황을 겪고도 다른 기억이 있거나 다른 해석을 갖게 되는 것은 모두 이러한 이유 때문이 아닐까 합니다. 자신의 평소 믿음에 부합하도록, 자신의 평소 견해와 일치하도록 기억하고 유리한 쪽으로 해석을 하는 심리입니다.

저는 집에서도 이러한 현상을 겪습니다. 제 아들초등학교 6학년이 새로 나온 에어팟 프로 2세대를 끼고 있었습니다. 알고 보니 얼마 전에 삼촌에게서 생일선물로 받은 것이었습니다. 제가 물어봤지요.

아빠나   동건아, 그럼 아빠가 준 에어팟 1세대는 어디 있어?

아들동건   응? 내가 아빠한테 줬잖아?

아빠나   무슨 소리야. 아빠가 동건이에게 빌려준 게 마지막이었는데.

아들동건   내가 아빠한테 준 것 같은데?

우리에게 유리하도록 작동하는 뇌의 기억

———

순간 황당하고 억울했습니다. 저는 정말 제가 빌려준 기억이 마지막이었기 때문입니다. 제가 기억하는 한 저는 동건이에게 에어팟을 돌려받지 못했습니다. 그런데 자신 있게 주장하지 못했습니다. 아들이 사춘기 초입 단계에 있었거든요. 아들이 무서웠습니다. "아 그래? 그래도 시간이 날 때 한번 찾아봐주면 안 될까?" 하고 서둘러 대화를 끝냈습니다.

결국, 제가 빌려줬던 에어팟 1세대는 동건이에게서 약 1주일 후 돌려받을 수 있었습니다. 저는 아들이 거짓말을 했다고 생각하지는 않습니다. 다만 자기에게 유리하도록 '녀석의 뇌가 스스로 기억을 왜곡했을 뿐'이라고 생각합니다. 이처럼 사람들이 기억이 항상 정확할 수는 없습니다. 그러한 기억들은 각 개인의 인지적 편향, 믿음, 방해 요소들이 함께 작용하여 만들어낸 뇌의 생산물이란 생각이 듭니다.

오늘 팀장님이나 동료가 자신에게 유리하게 상황을 해석하고 기억하는 상황을 여러분이 목격한다면, 그냥 이렇게 생각해보는 것도 괜찮습니다.

'에고~. 팀장님께서 확증편향으로 인해 다른 말씀을 하고 계시네. 일부러 저러는 것은 아니실 거야. 적어도 악의는 없겠지.'

이렇게 생각해보는 것이 그나마 당신의 답답하고 억울한 마음을 달래는 데 조금이라도 도움이 되지 않을까요?

31

지식의 저주에 갇힌 선배를 대하는 법

> 지식의 저주란 당신이 지금은 알고 있는 것을 과거에는 알지 못했다는 사실을 기억하는 데 겪는 어려움이다.
>
> _스브 핑커(인지심리학자)

"○○ 씨, 아직도 그걸 모르면 어떻게 해요?"

"박 주임, 그 일 처리해본 적 있죠? 당연히 알죠?"

"아니 왜 그걸 모르나요?"

직장에서 선배나 상사에게서 이런 식의 반응을 겪은 적이 있을 수 있습니다. 특히 사회생활 2, 3년차 정도 되는 분들이라면 말이죠. 직급이나 연차를 고려할 때 어떤 어느 정도 업무를 알고 있을 것이라 가정하는 것이죠. 가령 매출분석 프로그램 조작 방법, 비용 정산 절차, 행사 기획안 결제 경로 등을 알고 있을 거라 가정합니다. 그런데 그런 일은 해봤을 수도 안 해봤을 수도 있습니다. 영업팀에서 근무했지만 거래처나 고객을 한 번도 안 만나 봤을 수도 있고요. MD팀이지만 물건을 아직 한 번도 구매해보지 않았을 수도 있습니다. 그런데 선배는 당신의 그런 사정을 모르고 '알고 있을 것'이라고 가정한다는 겁니다. 그렇게 가정하고 다음 설명을 하거나 업무를 지시합니다.

여러분으로서는 난감할 수 있습니다. 모른다고 말하자니 자신이 부족하게 느껴지고, 가만히 있자니 뒷일을 감당하기 더 두렵고 말이죠. 왜 선배나 상사는 '여러분이 알고 있을 것이라 가정'하는 걸까요? 심리학적 관점에서 봤을 때, 그것은 '자기가 알고 있는 것은 상대방도 알고 있을 것이다.'라는 무의식적 가정이 깔려 있기 때문일 수 있습니다.

내가 알고 있는 건 상대도 알고 있을 것이다?

심리학에는 이러한 상황을 '지식의 저주Curse of Knowledge'라는 용어로 표현합니다. 대화하거나 상호작용을 할 때 자신이 알고 있는 것은 상대방도 알고 있을 것이라 믿는 경향을 말합니다. 예를 들어, 사내에 돌고 있는 소문을 들은 경우를 가정해보죠. 그 소문을 상대방도 알고 있을 것이라 가정하고 얘기를 꺼

낼 때가 있습니다. 선생님이 학생에게 3차 방정식을 설명하는데 '얘가 2차 방정식은 알고 있겠지.'라고 가정하는 것과 마찬가지죠.

저는 머리가 좋거나 경험이 풍부한 사람들이 이런 지식의 저주에 잘 걸린다고 생각합니다. 제가 중학교 때였나요. 공부하다가 모르는 수학 문제가 있으면 반에서 1, 2등을 다투던 친구에게 물어보곤 했습니다. 그런데 그 친구 설명을 들으면 잘 이해가 가질 않았습니다. 그 친구는 그 친구가 알고 있는 지식 수준에서 설명을 해줬기 때문이죠. 문제를 푸는 과정에서 필요한 기본적 개념들은 제가 알고 있을 것이라 가정했던 겁니다. 그러니저는 당연히 못 알아듣는 경우가 많았습니다.

그래서 저는 누군가에게 무언가를 설명할 때 '상대방은 아무것도 모른다, 아는 것이 거의 없다.'고 가정하고 설명을 합니다. 그렇게 하는 것이 시간은 좀 더 걸리긴 하지만 상대가 더 확실하게 이해할 수 있습니다.

회사생활에서도 마찬가지였습니다. 후배에게 뭔가 알려 줘야하는 상황이 되었을 때 그랬습니다. '이 후배는 아는 것이 거의 없다.'라고 가정하고 설명을 했습니다. 물론 그러한 가정이 상대방을 깔보는 태도로 비치지 않도록 주의를 해야겠지요. 이런 태도로 알려주니 후배가 좀 더 이해를 잘하는 듯했습니다. 이해를 잘한 만큼 업무에 대한 만족도와 저에 대한 호감도도 올라갔습니다.

너무 많은 것을 알고 있어서, 너무 많은 경험이 있어서 지식의 저주에 걸린 선배나 상사가 주위에 있어도 골치입니다. 이럴 때는 어떻게 하면 좋을까요? 가장 좋은 방법은 이해가 안 되는 것이 있을 때 솔직히 표현하는 것입니다. 더 자세히 설명해달라고 요청하는 것입니다. 물론 후배의 관점에서 그런 요청을 하는 것이 어려울 수 있습니다. 하지만 그대로 넘어가면 나중에 더 큰 문제가 생길 수도 있습니다. 자신만 더 억울해질 수 있습니다. 그러니 이해가 되지 않을 땐 이해가 되지 않는다고 정중히 요청하시기 바랍니다. 솔직하게 양해를 구하고 도움을 받는 것이 낫습니다.

"죄송한데 잘 이해가 안 됩니다. 더 자세히 설명해주시면 좋겠습니다."

모를 땐 물어 볼 수 있는 것이 후배의 권리

더 많은 질문을 던지고, 더 적극적으로 다가가 보시기 바랍니다. 그렇게 해야 그 선배도 자신의 설명에 어떤 점이 부족한지, 어떤 점을 보완해야 하는지 파악할 수 있습니다. 또한 '아! 내가 알고 있는 것을 상대방은 모를 수도 있겠구나.'하며 깨닫는 것이 있을 수 있습니다. 요청할 만한 것은 솔직하게 요청하는 것이 중요한 이유입니다.

여러분도 언젠가 선배가 되고 상사가 될 것인데요. 여러분은

이 지식의 저주라는 개념을 꼭 기억해두셨다가 여러분 스스로
이 저주에 갇히지 않았으면 좋겠습니다. '여러분이 알고 있다고
해서 상대방도 반드시 알고 있는 것은 아니다.'라는 사실을 꼭
기억하셨으면 좋겠습니다. '나는 알고 있지만, 상대방은 모르고
있을 수도 있다는 생각.' 이것이 상대방과 나와의 우호적 관계
를 형성하는 데 중요한 첫 번째 배려입니다.

32

부장님과의 통화는
용기가 필요한 일입니다

> 전화 공포증은 전화하는 것 자체를 두려워하는 것이 아니라 통화를
> 할 때, 통화가 끝난 후 찾아오는 감정에 대한 두려움이다.
>
> _ 조나단 버렌트(심리치료사)

신입사원분들이 적응하기 힘든 것 중 하나가 '전화통화'이지
않을까 싶습니다.

'앗, 부장님 전화다. 떨린다.'

'재무팀에 전화해서 예산을 확인해보고 싶은데, 할 수 있을
까?'

'팀장님께 전화해서 물어보고 싶은 것이 있는데, 왜 이리 심

장이 쿵쾅거리지?'

제가 유통업 MD팀의 바이어로 근무할 때였어요. 어느 날 근무시간에 매장을 둘러보고 있는데 전화가 왔습니다. 제가 근무하던 회사의 사장님 비서분이셨습니다.

"네. 최정우 과장입니다."
"네. 안녕하세요. 사장님 비서실입니다. 사장님께서 통화를 원하시는데 지금 가능하실까요?"

순간 머리가 하얘졌습니다. 알고 보니 제가 담당했던 C 브랜드의 매출, 재고상황, 특이사항 들을 물어보시기 위함이었습니다. 중간에 계신 임원, 팀장들을 거치지 않고 실무자와 직접 소통하는 것이 그분의 업무 스타일이셨습니다. 그분에게는 스타일이셨지만 저 같은 직원에게는 고통이었습니다.

그렇게 진땀을 흘리며 대답했던 기억이 납니다. 그중에는 제가 느끼기에 대답을 잘한 것도 있었고, 못한 것도 있었습니다. 후회와 자책이 컸던 것 같습니다. '내가 왜 그 질문에 이렇게 답하지 못했을까?' 통화 후 혹시라도 팀장님께 혼나지는 않을까 걱정도 했습니다. 다행히도 큰 일은 없었습니다.

신입에게는 더욱 어려운 전화통화

저 같은 과장도 상사와의 통화가 이렇게 쉽지 않은 일인데 신입사원에게는 더 힘든 일이겠죠? MZ세대가 경험하고 있는 전화공포증call phobia 상황을 확인하는 데 있어서《국민일보》의 설문조사가 좋은 자료가 될 것 같습니다. 이 설문조사에 따르면, 응답자의 70.5%가 "전화 공포증을 겪은 적이 있거나 겪고 있다."고 응답했습니다. 이는 젊은 세대 10명 중 8명이 전화로 인한 상황을 두려워하거나 불편해하고 있다는 것을 의미합니다. 생각보다 이 수치가 높아서 저도 꽤 놀랐던 기억이 납니다.[12]

다른 사람도 아니고 직장 선배에게서, 팀장님에게서 전화가 온다면 당연히 긴장이 될 수 되죠. 울리는 전화를 보며 무슨 급한 일이 있는 건지, 내가 그 급한 일에 도움이 될 수 있을지, 나에게 무엇을 물어보시려고 하는 건지, 내가 그 질문에 대답을 잘할 수 있을지. 짧은 시간 머릿속 많은 생각이 왔다 갔다 합니다.

심리치료사 조나단 버렌트Jonathan Brent가 말한 것처럼, 아마도 여러분이 두려워하는 것은 '전화를 하는 것 자체'가 아닐 수도 있습니다. 상사와 통화를 하며 느끼는 불안감, 긴장감, 후회감 같은 감정을 두려워하는 것일 가능성이 큽니다. '내가 하고 싶은 말을 내가 전화로 잘할 수 있을까?', '내가 모르는 것을 물어보시면 어떡하지?' 와 같은 생각들이 상사와의 통화를 어렵게 만들기 때문입니다. 하지만 너무 걱정하지 마세요. 전화로 상사가 모르는 것을 물어오면, "죄송한데요. 그것은 제가 좀 더 확인하고 다시 말씀드려도 될까요?" 하고 대답하면 됩니다. 그렇게 한 템포를 쉬어가도 괜찮습니다. 그것으로 뭐라고 하는 상사가 있으면 그 상사가 이상한 겁니다. 상대방도 갑자기 전화해서 이 것저것을 물어보고 있는 자신을 깨닫게 할 필요도 있습니다.

신입사원들의 전화통화에 대한 이러한 두려움이 저는 '경험의 부족'에서 온다고 생각합니다. 어쩔 수 없는 것이죠. 최근의 신입 세대는 이메일, 메신저, SNS 등 텍스트, 이미지, 영상 등과 같은 간접적 소통에 더 익숙하잖아요. 그분들도 직접 통화하고 직접 만날 수밖에 없는 소통 방식에 노출되어왔다면 지금처럼 전화 통화를 이렇게 힘들어 하지는 않았을 것입니다. 그러므로 '나는 내성적이라서 통화로는 절대 말 못 해.', '나는 긴장을 너무 심하게 하는 스타일이라 통화는 무조건 피하고 봐야 해.'라고 생각하시는 분들께는 이런 말씀을 드리고 싶습니다.

"전화통화를 잘하는 성향과 그렇지 않은 성향이 따로 있는 것은 아니다. 단지 경험의 차이일 뿐 누구나 조금씩 기회를 얻고 연습하다 보면 지금보다는 나아질 수 있다."

부장님과의 통화에도 연습이 필요해

그렇습니다. 연습을 하면 나아질 수 있습니다. 통화에 조금씩 익숙해지는 방법을 추천합니다. 심리학에는 '체계적 둔감법

systematic desensitization'이라는 심리치료법이 있습니다. 특정 대상에 대해 공포감을 가지고 있는 사람이 그 대상에 대한 공포감을 이겨내도록 서서히 그 대상에 자신을 노출시키는 방법입니다.

예를 들어, 뱀에 대한 공포심을 가지고 있는 사람이 있다고 해보죠. 상담을 할 때 처음에는 심리치료사와 뱀에 대한 이야기만 나눕니다. 다음에는 뱀이 등장하는 그림책을 보고, 그 다음에는 뱀을 직접 그려보게 합니다. 다음에는 뱀 인형을 직접 보고, 다음에는 뱀 인형을 직접 만져보게 합니다. 다음에는 멀리서 실제 뱀을 지켜보게 하고요. 나중에는 뱀을 직접 만져보거나 목에 두를 수 있도록 하는 것입니다(물론 뱀을 목에 두르는 단계까지 가는 것은 각자의 선택입니다).

통화도 마찬가지입니다. 체계적 둔감법을 사용해보는 것이지요. 처음에는 부장님과 업무상 '사내 메신저'만 주고받습니다. 그러다 문자 메시지나 카톡을 이용해보는 것이고요. 그러다 횟수가 증가하면 가끔 통화도 해보는 것입니다. '굳이' 말이죠. 반드시 부장님일 필요는 없습니다. 같은 팀의 선배가 될 수도 있고, 다른 팀의 동료가 될 수도 있습니다. 거래처의 파트너가 될 수도 있고요. 그렇게 가끔 통화 연습을 해보는 것입니다.

처음에는 낯설고 힘이 들 수 있습니다. 처음에는 무슨 말을 해야 할지 막막할 수 있습니다. 실수를 할 수도 있습니다. 그래도 괜찮습니다. 그렇게 조금씩 경험과 기회를 늘려가다 보면 점점 통화에 익숙해져 가는 당신을 발견할 것입니다. 당신은 '텍스트' 뿐만 아니라 '통화'에도 능숙한 신입사원이 될 수 있습니다.

　두 발을 사용할 줄 아는 축구선수는 한 발만 사용할 줄 아는 축구선수보다 분명 유리합니다. 손흥민 선수 역시 양발잡이라고 합니다. 그는 처음부터 양발잡이가 아니었다고 하네요. 손흥민 선수의 아버지는 손흥민 선수가 왼발에도 익숙해지도록 양말을 신을 때도 왼발부터, 바지를 입을 때도 왼발부터, 운동화 끈을 묶을 때도 왼발부터, 경기장에 들어설 때도 왼발부터 들여놓도록 유도했다고 합니다. 손흥민 선수도 왼발의 사용에 익숙해지도록 체계적으로 연습을 했던 셈이죠.

　텍스트 의사소통이 편한 여러분은 오른발에만 익숙한 상태라 할 수 있습니다. 꾸준한 노력과 연습으로 음성통화에도 익숙해진다면 왼발에도 익숙한 프로 업무러가 될 수 있습니다. 업무의 손흥민이 될 수도 있겠죠. 자신감 넘치는 업무의 양발잡이 선수가 되길 응원합니다.

V

내 마음을 내 마음대로
할 수 있는 용기

33

직장에선 상대의 기분을
얼마나 맞춰야 할까?

> 다른 사람을 기쁘게 하는 것이 반드시 친절은 아니다. 그것은 두려움
> 에 기반한 행동이며 당신의 자존감과 인간관계에 영향을 미칠 수 있
> 다.
>
> _ 샤론 마틴(심리치료사, 작가)

'보고드릴 것이 있는데 팀장님 기분이 안 좋아 보이네. 어쩌
지?'

'회식인데. 나도 그럴 기분은 아니지만 내가 분위기를 띄워야
하나?'

'오늘 팀장님 기분이 저기압이시네. 내가 기분 맞춰드려야 하
나?'

회사에서 다른 사람의 감정을 살피게 되는 것은 자연스러운 일입니다. 인간은 감정의 동물이기 때문입니다. 감정이 중요하죠. 감정에 따라 일을 성공시키기도 하고 그르치기도 하니까요. 직장도 마찬가지죠. 직장은 수많은 사람이 모인 곳, 수많은 감정이 모인 곳입니다. 아침부터 기분 좋게 출근한 사람도 있을 것이고, 퇴근할 때까지 기분 안 좋은 일로 우울한 사람도 있을 것입니다. 하지만 감정에 따라 행동할 수만은 없겠죠.

신입사원이라면 더 눈치가 보일 수 있습니다. 보고해야 할 것도 많고 물어보고 싶은 것도 많습니다. 하지만 쉽게 엄두가 안 나죠. 팀장님께 보고를 드리자니 기분이 안 좋아 보입니다. 대리님께 뭘 좀 물어보자니 바빠 보이고요 하지만 일은 해야겠고, '나보고 어쩌란 말인가?'란 생각이 들때가 있습니다.

이럴 땐 어떻게 하면 좋을까요?

우리는 회사에 일을 하러 온 사람들

첫 번째 방법은 그래도 용기를 내보는 것입니다.

우린 일을 하러 온 사람들이지 다른 사람의 감정을 살피러 온 사람들이 아닙니다. 물론 상대의 기분을 참고할 수는 있습니다. 하지만 어디까지나 참고의 대상일 뿐 판단의 기준은 아닙니다. 상사의 기분이 좋아 보이면 보고를 하고, 그렇지 않으면 보고를 하지 않아야 하는 것은 아니잖아요? 여러분이 생각하기에 보고를 해야 할 시점이고, 보고해야 할 필요가 있다면 보고를 하는 것입니다. 그것이 일이기 때문입니다.

기분은 기분이고 일은 일입니다. 누군가 개인적으로 기분 안 좋은 일이 있다면, 그건 개인적으로 해결해야 할 문제입니다. 여러분이 팀장님의 기분을 좋게 만들면서까지 일을 할 수는 없습니다. 그럴 시간도 그럴 여유도 없습니다. 팀장님의 좋은 기분은 활용할 수 있지만, 팀장님의 안 좋은 기분을 피할 필요는 없습니다. 여러분의 팀장, 상사, 선배가 기분에 따라 일을 하는 분이라면 그건 그들의 문제입니다.

물론 상사, 선배, 동료의 기분과 감정을 어느 정도 배려해줄 수는 있습니다. 하지만 그것도 자신의 업무가 정상적으로 진행되는 안의 범위에서 돼야 합니다. 팀장님 기분이 안 좋아 보여서, 겁이 나서 보고를 하지 않았는데 일이 잘못되거나 문제가 생긴다면 어떨까요? "그때 팀장님이 기분 안 좋아 보여서 보고를 안 드린 겁니다."라고 말할 수 있나요?

상대의 기분은 기분이고 자신의 업무는 자신의 업무입니다. 상대의 기분을 배려할 수 있는 상황이라면 배려하는 것이 좋겠습니다. 하지만 그런 상황이 아니라면 업무를 먼저 생각했으면 좋겠습니다. 그렇게 해도 괜찮습니다.

기분이 태도가 되지 않도록

두 번째 방법은 상대의 안 좋은 기분을 스스로 알게 하는 것입니다.

회사에 다닐 때였습니다. 교육을 받는 시간이었는데 인지심리학자 김경일 교수님이 초빙강사로 오셨습니다. "상사가 기분이 좋지 않아 보일 때는 그 점에 대해서 언급해라." 라는 말씀이 가장 인상적이었습니다. 예를 들면 이런 것입니다.

김 대리가 박 상무님에게 보고를 하고 결제를 받아야 하는 상황입니다.

김 대리 상무님, 오늘 기분이 안 좋아 보이시는데 혹시 안 좋은 일이라도 있으신가요?

박 상무 실제로 어젯밤에 아내와 여름여행 문제로 다툼이 있었지만 어 그래 보여? 아니야

김 대리 말씀하셨던 사업추진 계획서 초안 작성 기한을 3일만 늦춰도 될까요? 자료 수집에 시간이 좀 더 필요할 것 같아서요.

박 상무 아 그래? 알았어. 그럼 그렇게 해.

이런 상황에서 박 상무님이 김 대리의 보고에 부정적으로 반응할 가능성은 적습니다. 왜냐하면 박 상무님은 자기도 모르게 자신이 기분 안 좋은 표정을 짓고 있었다는 사실을 인지했기 때

문이죠. 이후에는 자신의 표정과 태도에 좀 더 신경을 쓰게 됩니다. 자신의 기분이 태도가 된 것처럼 보이지 않게 말이죠. 만약 자신이 No라고 말하면 김 대리가 '자기 기분 안 좋다고 No라고 하시네.'라고 생각할까 봐 신경이 쓰이기 때문입니다.

사람은 누구나 합리적이고 이성적인 사람으로 보이고 싶어 하지 감정적인 사람으로 보이고 싶어 하지 않으니까요. 직장에서라면 특히 그렇습니다. 직장인이라면 '프로페셔널하다.'라는 얘기를 더 듣고 싶어 하지 않겠어요?

세 번째, 상사의 안 좋은 기분을 일로써 잠시 잊게 하는 것도 좋은 방법입니다.

사람의 집중력에는 한계가 있습니다. 배가 부른 상황에서는 맛있는 음식을 떠올리기 힘들고, 추운 날에는 무더운 날을 떠올리기 어렵습니다. 쉽게 말하면 집중하고 있는 대상에서 집중을 흩트려 놓는 것입니다.

박 상무님이 어젯밤 아내와 말다툼을 하고 출근한 상황이었잖아요? 그날따라 회사에 일이 없고 시간만 많다면 어떨까요? 종일 그 일에, 그 기분에 얽매여 있을 것입니다. 달리 신경 쓸 대상이 없으니까요. 하지만 그날따라 일도 많고 회의도 많고 신경 써야 할 일도 많다면 어떨까요? 아마도 아내와의 말다툼은, 그로 인한 기분은 잠시 잊힐 것입니다. 당장 눈앞에 다른 일들이 있으니까요.

그러다 퇴근할 때쯤, 집에 갈 때쯤 다시 그 생각이, 걱정이 떠오를 수 있겠죠. 어쨌든 여러분이 꺼내는 업무 애기가 고민을 잠시 잊게 할 피난처가 될 수도 있습니다. 타인에게 타인의 감정이 소중하듯, 여러분에게는 여러분의 업무가 소중할 수 있습니다. 타인의 감정 때문에 할 일을 그르치는 일은 없었으면 좋겠습니다. 그렇게 해봐도 괜찮습니다. 타인의 감정에 너무 눈치를 보지 않으셔도 괜찮습니다.

34

지금의 좋은 내 감정도
싫은 내 감정도 오래가지 않아요

> 감정은 일시적인 것이다. 그러나 감정에 치우친 선택은 오랜 시간 영
> 향력을 끼친다.
>
> _ ChatGPT가 들려준 누군가의 이야기

회사에 다닐 때 저와 사이가 좋았던 상사 한 분이 계셨습니다. 저를 과장으로 진급시켜주신 분이었죠. 보너스, 인센티브도 많이 챙겨주셨습니다. 저 역시 그분에게 보답하고 싶었습니다. 몸과 시간을 다 바쳐서 그분을 보좌했고, 그분이 회사에서 잘 되시도록 충성을 다했습니다. 술 한 잔 기울일 때마다 제가 말씀드렸습니다.

"상무님, 언젠가는 회사 밖에서 뵐 텐데요. 그때까지도, 그 이

후에도 끝까지 이 마음 변치 않겠습니다. 감사합니다."

지금은 그 회사를 그만둔 지 3년차입니다. 물론 그분에 대한 고마운 마음은 남아 있습니다. 하지만 그때만큼은 아닙니다. 연락도 띄엄띄엄하게 되고 이젠 통화가 낯설게 느껴지기도 합니다. 일부러 그러는 게 아니라 시간이 지나니 조금씩 그렇게 되더군요. 시간이 흐르니 어쩔 수 없겠죠.

여러분도 마찬가지일 것입니다. 여러분이 회사에서 지금 느끼는 지배적인 감정이 있을 것입니다. 누군가를 좋아하는 감정, 누군가를 꼴 보기 싫어하는 미움, 누군가를 도와주고 싶은 측은지심 등 다양한 감정과 마음을 가지고 있을 수 있습니다. 그러한 감정이 쭉 지속할 것 같죠? 그런데 꼭 그렇지만은 않습니다. 당연한 얘기이지만 시간이 흐르면 감정도 변하더군요. 좋아하던 감정도, 싫어하던 감정도 결국은 무뎌집니다.

생각보다 오래 가지 않는
우리의 감정
———

심리학에는 '충격편향Impact bias'이라는 용어가 있습니다. 자신이 느끼는 정서와 감정이 강한 상태로 오랜 시간 지속할 것으로 느껴지는 경향을 의미합니다. 특히 부정적인 감정이 해당됩니다. 화가 나면 화가 계속 나 있을 것 같고, 슬픔에 빠져 있으면 계속 슬플 것 같은 느낌이죠.

지금 싫은 사람이 있다면 이렇게 생각해보세요.

'내일 출근하면 그 인간을 또 봐야 하다니. 정말 싫다. 그래도 언젠가는 안 볼 인간이다. 보는 동안에 내 감정도 무뎌질 수 있다. 눈 딱 감고 내일 하루만 더 출근해보자. 일단 하루만 버텨보자. 그 다음 날은 그때 가서 생각하자. 뭐 어떻게든 되겠지.'

회사에서 한 번 싫어졌던 사람이 다시 좋아진 적은 거의 없었던 것 같습니다. 하지만 싫은 감정이 더 싫어지지는 않도록 막을 수는 있었습니다. 싫은 사람이 더 싫어지지 않도록 해보는 것도 중요한 이유입니다.

저는 회사 승진에서 떨어졌을 때 괴로웠습니다. 회사에 다니기 싫었습니다. 모두가 나를 비웃는 것 같았습니다. 모두가 나를 우습게 보는 것 같았습니다. 실망과 좌절감이 컸습니다. 그런 감정은 계속될 것 같았습니다. 당장 회사를 그만두고 싶었습니다. 그 기분이 아주 오랫동안 갈 것 같았거든요. 하지만 실제로는 그렇지 않았습니다. 점점 괜찮아졌습니다. 물론 완전히 벗어났다고 할 수는 없었지만요. 단 1주일도 회사를 못 다닐 것 같았지만 다니니 또 다녀지더군요. 신입인 여러분들도 회사에 다니며 힘든 순간이 찾아올 수 있습니다.

'승진에서 떨어졌다.'

'누군가에게 큰 실수를 했다.'

'지금 내가 하는 일의 의미를 모르겠다.'

'이건 내 일이 아닌 것 같다.'

힘든 건 맞지만 힘든 감정에
후회할 판단은 하지 않기

———

그런 순간들은 힘들고 고통스러운 순간일 수 있습니다. 그런 감정과 괴로움은 계속될 것 같지만 생각보다 오래가지는 않습니다. 지금은 죽을 것 같이 힘이 들지만, 시간이 가면 또 괜찮아집니다. "무조건 슬퍼하지 말라. 무조건 낙심하지 말라. 무조건 실망하지 말라."라는 말씀을 드리고 싶은 것이 아닙니다. "지금의 감정은 받아들이되 지금의 감정에 너무 몰입하여 나중에 후회할 판단은 하지 말자."는 말입니다.

지금의 감정이 오랫동안 지속할 것 같은 마음에 어떤 결정을 했다가 후회할 수도 있기 때문입니다. 지금의 감정이 계속될 것 같지만 그렇지 않습니다. 누군가를 좋아하는 마음도, 싫어하는 마음도, 성공의 성취감도 실패의 패배감도 말이죠.

호주 시드니대학교 심리학과 조셉 포가스Joseph Forgas 교수와 마리아 윌리엄스Maria Williams 교수는 한 가지 재미있는 실험을 했습니다. 자신이 느끼는 부정적 감정이 얼마나 갈 것인지를 예측해보는 실험이었죠. 실험 참가자에게 슬픔, 분노를 느끼게 하는 영화를 보여주었습니다. 영화를 보고 난 직후 생겨난 슬픔, 분노 등의 감정이 얼마나 오래 지속될 것 같은지 바로 각자 예상해보도록 했습니다. 평균 예상 지속시간은 24시간이었습니다. 그들의 감정은 실제로 얼마나 갔을까요? 25분이었습니다. 그들은 슬픔, 분노가 앞으로 하루는 더 갈 것 같았지만 정작 25분 후에는 대부분 사라졌다고 보고했습니다.[13]

이 연구는 사람들의 부정적 감정이 오래 지속할 것이라고 과대평가하는 경향이 있음을 말해줍니다. 우리가 부정적인 감정에 압도되거나 좌절감을 느낄 때 이 감정이 얼마나 오래 지속될 것인지를 냉정하게 판단해볼 필요가 있음을 말해줍니다.

지금의 괴롭고 힘든 감정도 시간이 지나면 덜해질 수 있습니다. 지금은 중요해보이는 일이 나중에는 그리 중요하게 보이지 않을 수도 있습니다. 그러니 특히 슬픈 감정, 괴로운 감정을 겪을 땐 이렇게 생각해보시기 바랍니다.

'회사에서 이 일로 인해 아무것도 하기 싫다. 내가 지금 힘든 건 맞다. 이 기분이 계속 갈 것 같다. 하지만 나는 안다. 지금 죽고 싶을 만큼 힘들고 괴롭지만, 이 감정 또한 옅어질 것을. 그러니 내 감정은 인정하되 이감정에 치우쳐서 어떤 결정하지는 말자. 나중에 후회할 수도 있으니….'

요약하자면, 당신이 느끼는 지금 그 감정은 그 자체로 의미 있고 소중한 것입니다. 하지만 그 감정은 생각보다 오래가지 않습니다. 지금 그 감정을 느끼되 그 감정에 치우쳐서 후회할 만한 결정이나 판단은 안 하셨으면 좋겠습니다. 중요한 판단은 그 감정이 지나간 뒤에 해도 괜찮습니다. 중요한 판단에는 최대한 감정을 덜어내는 연습을 합시다.

35

사람의 마음을 얻는 방법과
가깝게 지내는 사람의 범위에 대해

> 대부분 사람들은 내 편도 아니고 내 적도 아니다. 모두가 자신을 좋
> 아하길 바라는 것은 지나친 기대이다.
>
> _ 리즈 카펜터(작가)

'얼마나 많은 사람과 알고 지내야 할까?'
'얼마나 많은 사람과 친하게 지내야 하지?'

　모든 조직이나 사회가 그러하듯 회사 역시 사람들로 구성되
어 있지요. 문제는 사람들과 얼마만큼의 관계를 유지하며 얼마
나 친하게 지내야 하냐는 것입니다. 정답은 없지만 생각해볼 만
한 문제입니다. 특히 처음 사회생활을 시작하는 신입사원들에

게는 말이죠. 신입사원분들의 심리상담을 할 때면 이런 고민을 많이 말씀하십니다.

"회사에 또래가 없어요. 다 과장님이예요."
"회사 팀원들과 얼마나 친해져야 할지 모르겠어요."
"어떻게 하면 예의가 있으면서도 선배들과 친하게 지낼 수 있을지 고민입니다."
"회사에서 동기말고 선배들과도 좀 친하게 지내고 싶은데 방법이 없을까요?"

위의 고민을 살펴보면 신입사원분들은 일단 선배들과도 잘 지내고 싶어 하시는 욕구가 있는 것 같습니다. 물론 전부라고 할 수는 없겠지만 대부분은 그런 욕구를 가지고 있는 것 같아요. 선배와 잘 지내고 싶은 욕구가 있다니 다행이라는 생각이 듭니다. 이를 위한 방법을 소개해드립니다.

사람들과 친해지기 위해서는
어떻게 하면 좋을까요?
———

저는 이런 제안을 해보고 싶습니다.

"친해지고 싶은 사람에게 부탁을 해라."

그 사람에게 부탁을 하면 그 사람의 마음을 얻을 수 있다? '엥? 이게 무슨 소리지?' 하시는 분들이 계실 것 같습니다. '친해 지고 싶은 사람이 있으면 부탁을 할 것이 아니라, 부탁을 들어 줘야 할 것 아니야?' 하고 말이죠. 물론 그것도 좋은 방법입니 다. 부탁을 들어주며 그 사람의 호감을 얻을 수 있겠죠. 그런데 누군가에게 부탁함으로써 그 사람의 호감을 얻을 수도 있습니 다. 이것이 바로 '벤저민 프랭클린 효과Benjamin Franklin effect'입 니다. 쉽게 말하면, 누군가 당신에게 호의를 베풀면 그 사람이 오히려 당신에게 호감을 느끼는 심리적 현상을 말합니다.

벤저민 프랭클린은 미국의 정치인이었습니다. 주의회 의원이 었던 시절, 관계를 개선하고 싶었던 다른 정당의 A 의원이 있었 습니다. 그런데 A 의원에게는 구하기 어려운 책이 한 권 있었다 고 하네요. 이를 알게 된 프랭클린은 A 의원에게 편지를 씁니다.

'A 의원님, 듣기로 그 책을 한 권 소장하시고 계시다 들었습 니다. 괜찮다면 그 책을 저에게 좀 빌려줄 수 있을까요?'

이 편지를 받은 A 의원은 잠시 고민하다 책을 빌려 주었다고 합니다. 프랭클린과 사이가 그다지 좋지 않았지만 '책 한 권을 빌려주는 것이 그리 어려운 일은 아니다.'라고 생각했기 때문이 죠. 재미있는 현상은 여기서 발생합니다. 이후 A 의원은 자기 생 각과 행동이 모순됨을 느낍니다.

'이상하다. 나는 평소 프랭클린에 대해 호감이 별로 없었는데, 내가 책을 빌려줬네?'

자신이 평소 하는 생각과 자신이 한 실제 행동이 상반됨을 느끼는 것이죠. 이를 심리학적 용어로 '인지적 부조화cognitive dissonance'라고 합니다. 사람은 누구나 자기 생각과 행동이 일치하지 않으면 불편감을 느낍니다. 평소 어려운 사람을 많이 도와야 한다고 생각하는 사람이 육교 위에서 구걸을 하는 사람을 그냥 지나치게 된다면 불편감을 느끼는 이유입니다. "Save the environment환경을 지키자!"라는 문구가 새겨진 티셔츠를 입고 쓰레기를 버리는 행동을 함부로 못하는 이유입니다.

이러한 인지적 부조화 상태가 되면 생각과 행동을 일치시키려는 경향이 있습니다. 불편감을 해소하기 위해서죠. 생각을 바꿀 수도 있고요. 행동을 바꿀 수도 있습니다. 보통은 생각을 바꿉니다. 생각을 바꾸는 것이 행동을 바꾸기보다 쉽기 때문입니다. A 의원도 마찬가지였습니다. 생각을 바꿨습니다.

'나는 내가 프랭클린에게 평소 좋지 않은 감정이 있다고 생각했지. 그런데 내가 아끼는 책을 빌려줬어. 실은 내가 그동안 프랭클린을 좋게 생각하고 있었던 것 같아.'

거짓말처럼 이후 프랭클린과 A 의원은 둘도 없는 친구가 되었다고 합니다. 죽을 때까지 말이죠,

회사에서 누군가와 친해지고 싶다면 그 사람에게 부탁을 해보세요. 프랭클린처럼요. 당신의 부탁을 들어준 상대방은 당신에 관해 호의를 가지고 있었다고 착각할 수 있습니다. 그럼 당신에 대한 호감은 더 올라갈 수 있겠죠. 단 가벼운 부탁이면 좋겠네요. 너무 과한 부탁이면 상대방이 부담을 느낄 수도 있을 테니 말이죠.

"선배님, 이따 점심 약속 있으세요? 없으시면 저희 동기들 점심 한번 사주시면 어때요?"

"대리님, 대리님께서 주로 이용하시는 그 쇼핑몰 링크 좀 보내주시면 안 될까요? 저도 한번 구경하고 싶어서요."

"과장님, 시간 되실 때 저녁시간 한번 내주시면 안 될까요? 회사 근처에 핫한 맥주집이 생겼거든요."

마지막으로 생각해볼 문제입니다. 얼마나 많은 사람과, 얼마나 친해지면 좋을까요?

정답은 없습니다. 여러분 자신이 '이만하면 됐다'고 만족할 만큼의 사람들과 친해지면 되겠죠.

저는 회사생활 초반에는 무조건 많은 사람들과 친하게 지내려 애를 썼습니다. 많은 사람을 알고 지낼수록, 많은 사람이 나를 좋아할수록 그것이 나의 대인관계 능력이고 경쟁력이라 생각했기 때문입니다. 사람을 사람 그대로 보지 않고 나의 경쟁력

측정 대상으로 봤습니다. 굳이 가깝게 지내고 싶지 않은 사람과도 일부러 식사자리를 만들었고, 직접 만나서 할 얘기도 아니지만 굳이 직접 찾아가서 업무 얘기를 하곤 했습니다. 들어주기 힘든 상대의 부탁이었지만 부탁을 무조건 들어주려 애도 써봤습니다.

그렇게 하니 싫어도 좋은 척, 못마땅해도 이해하는 척, 짜증이 나도 괜찮은 척해야 했습니다. 회사에서 넓은 인간관계는 가질 수 있었지만, 결국 속마음을 나눌 만한 사람은 없더군요. 언젠가부터 사람을 대하는 것이 불편해지고 공허해지기 시작했습니다. 속마음과 행동이 달랐으니까요. '더는 안 되겠다' 싶었습니다. 언젠가부터는 정말 가깝게 지내고 싶고 마음을 터놓고 싶은 소수의 사람들에게만 집중했습니다. 불편한 사람과는 관계를 최소화하기 시작했습니다. 그렇게 하니 관계의 폭은 줄어들었지만 마음은 편안해지더군요.

니체는 《차라투스트라는 이렇게 말했다》에서 이렇게 말했습니다.

"나는 나쁜 교제보다는 조촐한 교제를 바란다. 그러나 조촐한 교제도 적당한 때에 이루어졌다가 사라져야 한다."

여기서 '나쁜 교제'는 '광범위한 교제'를 말합니다. 니체 역시 무분별한 넓은 교제의 지양을 강조했습니다. 그러니 혹시라도 억지로 너무 넓은 인간관계를 만들려 하지 않았으면 좋겠습니다. 그냥 여러분이 어울리고 싶은 사람들과 어울리기만 해도 괜찮습니다. 당신의 마음이 편한 것이 우선입니다. 무조건적인 넓은 인간관계가 당신의 호감도와 능력을 결정하는 것은 아닙니다. 그저 마음 편한 사람, 그저 말이 통하는 사람 한두 명만 있어도 당신은 회사에서 성공한 프로 인관관계러er 입니다.

36

타인이 원하는 것과
내가 원하는 것을
구분해야 하는 이유

> 우리는 타인의 욕망을 욕망한다.
>
> _라캉(프랑스 정신분석학자)

회사에서 남을 부러워하게 되는 경우는 많죠.

'박 주임은 나보다 1년 먼저 승진했네. 부럽다.'

'해외사업팀은 이번에도 보너스를 받네. 부럽다.'

'저 친구는 이번에 이직하네. 연봉 많이 올려서 간다는데… 부럽다.'

나와 비교를 하고 남을 부러워하는 건 인간의 자연스러운 본능이 아닐까 싶습니다. 남들이 가진 것, 남들이 잘나가는 모습에 눈길이 가죠. 빠른 승진, 좋은 학벌, 좋은 집안, 예쁜 외모, 좋은 부서, 좋은 차, 좋은 배우자, 좋은 집. 그들이 처음부터 가지고 있었던 것도 있고 그것들을 노력해서 가지게 된 것도 있을 것입니다.

하지만 남과의 비교는 자신에 대한 탓으로 이어지는 경우가 많습니다.

'나는 왜 더 돈이 많은 집에서 태어나지 못했을까?'
'나는 왜 더 좋은 대학을 나오지 못했을까?'
'나는 왜 외모가 이럴까?'
'나는 왜 더 빨리 승진하지 못했을까?'

자책하게 되는 것이지요. 자신을 탓하며 열등감으로 이어지기도 합니다. 당연한 말이지만 남과의 비교는 한도 끝도 없습니다. 내가 아무리 돈이 많아도 빌게이츠, 트럼프, 일론 머스크보다 돈이 많을 수는 없습니다. 내가 SKY대학을 나왔어도 미국 아이비리그 대학을 나온 사람보다 학벌이 좋을 수는 없습니다. 내가 아무리 예뻐도 블랙핑크 제니를 보면 외모에 자신이 없어집니다.

비교는 본능적이지만 우리가 그 본능을 조절해야 하는 이유입니다. 남과의 무의식적인 비교를 자제하고 나의 목표, 자신의 가치에 집중해야 하는 이유입니다. 남이 가지고 있는 것, 남이 바라는 것에서 눈을 떼고, 내가 가지고 있는 것, 내가 바라는 것에 집중하면 좋겠습니다. 그들이 가지고 있는 것을 나도 똑같이 가지고 있을 필요는 없습니다. 그들이 원하는 것을 나도 똑같이 원할 필요도 없습니다.

내가 원하는 것은 진정 내가 원하는 것인가? 아니면 타인이 원하는 것인가?

———

저는 신입사원 시절 국산차 한 대를 타고 다녔습니다. 중고차였지만 타는 데 전혀 문제가 없었습니다. 출퇴근할 때, 주말 드라이브를 갈 때, 데이트를 할 때, 부모님을 모시고 여행갈 때 문제없이 타고 다녔습니다. 그런데 어느 날부터 수입차에 관심이 생겼습니다. 회사 선배 한 명이 수입차를 타고 다니셨거든요. 그분 집안은 잘 사시는 편인 것 같았습니다. 차에 관심도 많으신 듯했습니다. 저도 수입차를 타고 싶은 생각이 들었습니다. 결국 약 1년만에 중고 수입차로 차를 바꾸었습니다.

'내가 수입차를 타고 싶었던 게 맞나? 내가 수입차를 원했었나?'

생각해보면 수입차는 제가 원한 것이 아니었습니다. 저는 사실 국산차에도 만족하고 있었죠. 수입차는 그 선배가 원했던 것이었습니다. 저는 원하지도 않았던 것을 제가 원했던 것으로 착각하고 행동으로 옮겼습니다. 2년 정도 지나니 돈이 많이 들어갔다는 것을 깨달았습니다. 수입차 유지비용이 국산차의 1.5배 이상은 되는 듯했습니다. 분에 넘치는 소비였죠. 여러분은 지금 무엇을 원하고 있나요? 여러분이 원하고 있는 것이 진정으로 여러분이 원하는 것 맞나요? 다른 사람의 영향을 받아 '자신이 원하고 있는 것처럼' 생각하고 있는 것은 아닌가요?

타인이 원하는 것을, 타인이 이루어 놓은 것을 우리가 똑같이 원하고 똑같이 이룰 필요는 없습니다. 그것은 자신이 추구하는 가치에 부합되어야 합니다. 누군가는 좋은 차를 통해 보이는 모습을 중요시할 수 있고, 누군가는 생각이나 말을 통해 보이는 모습을 중요시할 수 있습니다. 누군가에게는 빠른 승진이 중요할 수 있고 누군가에게는 일과 삶의 균형이 중요할 수 있습니다. 누군가에겐 타인과의 관계가 중요할 수도 있고 누군가에겐 가시적 성공이 중요할 수도 있습니다. 누군가는 일의 스피드를 중요시할 수 있고 누군가는 일의 정확성을 중요시할 수 있습니다. 이렇게 사람은 저마다 우선순위와 중요한 가치가 다릅니다.

나의 가치에 부합하는 것을 원할 것

그러므로 누군가 좋은 차를 타고 다니고 빠른 승진을 하고 사람들과의 인맥이 넓어 보이고 일처리를 빨리한다고 해서 그를 무조건 따라갈 필요가 없습니다. 그가 원하는 것과 내가 원하는 것은 다르기 때문입니다. 그를 무조건 질투할 필요가 없는 이유입니다. 내 손 안에 든 것을 외면하고 다른 사람의 손 안에 든 것을 바라보며 굳이 괴로워할 필요가 있을까요?

철학자 버트런드 러셀도 이렇게 말했습니다.

"질투는 평범한 인간 본성이 가진 여러 가지 특징 중에서 가장 불행한 것이다."

그런데도 자꾸 남과 비교하게 되고, 남들이 바라는 것에 나도 눈길이 간다면 차라리 과거의 자신과 비교해보는 것은 어떨까요? 어니스트 헤밍웨이도 유명한 말을 남겼죠.

"타인보다 우수하다고 해서 고귀한 것이 아니라 과거의 자신보다 우수한 것이야말로 진정으로 고귀한 것이다."

참 좋은 말 같습니다. 비교하려는 우리는 본능을 유지하면서 나의 성장에 도움이 되도록 활용해볼 수 있으니까요. 여러분은 오늘 자신의 모습에 만족하시나요? 어제의 자신과, 과거의 자신과 비교해보시면 어떨까요? 조금이라도 나아진 부분이 있다면, '그래 나아지고 있어'하면서 자신을 인정해주고 토닥여주면 어떨까요? 남과 비교하지 않아도 괜찮습니다. 어제의 자신보다

더 나아졌다면 그것으로 충분합니다. 그것이 진정한 비교이고,
의미 있는 비교입니다.

37

항상 안 좋은 일만 있는 것 같나요?

> 부정적인 사건이 긍정적인 사건보다 때때로 더 영향력 있고 기억에 남는 건 사실이야. 그러므로 긍정적인 사건도 부정적인 사건만큼 실제로는 자주 발생한다는 것을 잊지 않는 게 중요해.
>
> _ ChatGPT가 들려준 누군가의 이야기

K 주임은 오늘도 변경된 회의일정 때문에 짜증이 솟구칩니다.

'또 변경됐어? 어떻게 회의가 정한 날짜에 제대로 한 번 시작해본 적이 없냐?'

사실 삶은 변수의 연속입니다. 직장도 마찬가지죠. 저 역시 그랬습니다. 정해놨던 대로, 계획했던 대로 일이 진행됐던 적은 거의 없는 것 같습니다. 물론 제 느낌이겠지만요. 근데 원래 삶은 변수의 연속입니다. 가정도 회사도 학교도 말이죠. 사람이 바뀌어서, 회사방침이 바뀌어서, 분위기가 바뀌어서, 정부정책이 바뀌어서, 기분이 바뀌어서 계획이 변경되는 경우는 항상 있습니다. 어쨌든 이로 인해 스트레스를 받을 수 있습니다.

제가 회의자료를 작성해놓고 발표준비를 한 적이 있었습니다. 원래 발표연습을 잘 안 하는데 그때는 했습니다. 부문장전무급님 앞에서 발표해야 했거든요. 흔치 않은 기회이기도 했지만 흔치 않은 위기이기도 했습니다. 그 위기를 잘 견뎌내야 했습니다. 그런데 회의 10분 전에 연락이 왔습니다. 회의가 서면으로 대체 되었다고요. 부문장님께서 서울세관에 들어가시게 되었다면서 말이죠. 다행스럽기도 했지만 허무하기도 했습니다. 떨렸지만 잘 해내고 싶었거든요. 긴장됐지만 잘 이겨내고 싶었거든요.

왜 나에게는 안 좋은 일만 생기는 것 같을까?

———

부문장님 앞에서 좋은 이미지로 평가받을 좋은 기회였는데 그 기회를 놓친 것 같아 솔직히 아쉬운 마음이 조금 더 컸습니다. 진급을 앞둔 시기이기도 했거든요.

'좋은 기회를 놓쳐서 아쉽다. 난 왜 항상 안 좋은 쪽으로 변수만 생길까?'

그런 일을 겪어서 그런지 제게는 항상 안 좋은 쪽으로 변수만 생긴다는 생각이 들었습니다.

'새로 오시는 팀장님이 그분이 아니라고? 원래 오시기로 했던 분이 좋은데.'
'경기가 나빠져서 이번 우리 마케팅 예산이 절반으로 줄었네.'

한 번 부정적인 생각을 하니 부정적인 생각이 꼬리에 꼬리를 물었습니다. 왜 우리는 한 번 부정적 생각에 꽂히면 계속 그런 생각만 하게 되는 걸까요?

뇌과학자 엘릭스 코브Alex Korb 박사는《우울할 땐 뇌과학》에서 그 이유를 '주의회로'라는 개념을 통해 설명합니다. 즉, 우리의 뇌는 주의회로라는 것이 있고, 이 주의회로는 주로 부정적인 일이나 사건에 더 쉽게 반응한다고 합니다. 우리가 운이 좋다고 느끼는 때도 분명 있지만, 주의회로 때문에 잘 반응하지 않고 잘 기억하지 않는다는 것이죠.

제가 운전해서 어디를 급하게 가야 할 때가 있었습니다. 유난히 빨간 신호에 많이 걸리는 것 같았습니다. 건널목을 건너는 사람들도 왠지 많아 보이고 왠지 느릿느릿 횡단보도를 건너는 것 같았습니다. 그날따라 차도 많아 보이는 것 같고 평소보다 더 막혀 보이는 것 같았습니다.

'아! 진짜 답답하다. 왜 항상 그렇지? 나는 지지리 운도 없는 사람이야.'

그런데 정말 그럴까요? 항상 나만 빨간불에 많이 걸리고 항상 내 주위에만 차가 밀렸을까요? 생각해보면 초록불이 연속 3번 이상 켜질 때도 있었습니다. 엘리베이터 앞에 서자마자 문이 열린 적도 있습니다. 버스 정류장에 가자마자 버스가 온 적도 있고, 은행에서 누군가 버리고 간 빠른 번호의 대기표를 잽싸게 주운 적도 있습니다. 생각해보면 우리 삶엔 행운이 많습니다. 단지 우리가 불행은 잘 기억하고 행운은 금세 잊어버리는 탓이죠. 우리가 행운보다는 불운에 집중하는 경향이 있기 때문이죠.
　하나의 부정적 생각은 또 다른 부정적 생각을 낳습니다. 심지어 집에 가서 화장실에 있는 슬리퍼를 무심코 신어도 이런 생각이 들 때가 있습니다.

'왜 내가 무심코 신은 화장실 슬리퍼는 항상 좌우가 바뀌어 있을까?'

부정적 생각이 꼬리에 꼬리를 물고, 결국 상황을 가정하는 생각의 흐름을 상담심리학에서는 '파국화catastrophizing'이론으로 설명합니다.

예를 들면 이런 것입니다.

'나는 이번에 전무님 앞에서 발표를 잘하지 못할 것 같아' →
'발표를 잘하지 못하면 사람들이 날 안 좋게 보겠지!' → '사람
들이 날 안 좋게 보면 승진을 못 하겠지' → '승진을 못 하면 동
기들, 후배들이 날 얕잡아 보겠지!' → '그럼 나는 회사 가기가
싫어지고 결국 퇴사를 하게 되겠지' → '퇴사를 하게 되면 내 나
이 때문에 취업이 어렵겠지' → '취업을 못 하면 그냥 백수로 집
에서 지내게 되겠지' → '그렇게 살다가 그냥 독거노인이 되겠
지' → '독거노인으로 살다가 고독사를 맞이하게 되겠지'

안 좋은 생각을 끊어내는 방법

이것이 파국화의 예시입니다. 회사에서 발표를 잘하지 못하
게 될 것이라는 생각이 결국 고독사로 이어졌네요. 회사에서 항
상 안 좋은 일만 생기는 것 같다고 믿는 사람이라면 이러한 파
국화 사고를 더욱 주의해야 하는 이유입니다. 이런 파국적 사고
를 어떻게 막을 수 있을까요? 가장 좋은 방법은 처음 부정적인
생각이 들었을 때 그 부정적 생각과 반대되는 사례들을 떠올려
보는 것입니다.

저도 한 번 떠올려 봤습니다. 지난 1주일 동안 운이 좋았던 적
을 말이죠. 잠시 눈을 감고 생각해봤습니다. 이번 설 연휴를 앞

두고 출장 간 곳에서 바로 퇴근하여 좀 더 일찍 집으로 퇴근할 수 있었던 일, 수요일에 머리파마를 하고 싶었는데 원래 이용하던 미용실이 문을 닫아 다른 미용실을 이용했는데 가격과 머리 모양에 더 큰 만족을 했던 일, 강아지 산책을 마치고 아파트 1층으로 들어서자마자 엘리베이터가 도착했던 일. 강아지 사료가 다 떨어져 밤에 인터넷으로 주문을 했는데 설 연휴로 배송이 지연될 줄 알았던 사료가 운이 좋게도 그 다음 날 아침에 바로 도착한 일. 이 모든 일은 생각해보면 운이 좋았던 일입니다. 생각해보니 꽤 많네요. 운이 좋았던 일을 생각하기로 마음먹으면, 감사하게 생각한 일을 떠올리기로 마음먹으면 그런 일들을 더 잘 떠올릴 수 있습니다.

회사에는 늘 변수가 있고, 그 변수는 항상 나에게 안 좋게만 작용한다고 느낄 수 있습니다. 하지만 조금만 생각해보면 반드시 그렇지는 않다는 것을 깨달을 수 있습니다. 그러니 '나는 항상 안 좋은 일만 생겨.' '이번 안 좋은 일은 결국 최악으로 갈 거야.'와 같은 생각은 안 했으면 좋겠습니다. 그런 생각은 하지 않아도 괜찮습니다. 조금만 생각을 해보면 여러분에게도 다행스럽고 기분 좋은 일이 꽤 많이 벌어지고 있다는 걸 알아챌 수 있습니다.

38

남의 행운을 무조건
부러워할 필요 없는 이유

> 좋은 일은 결코 오래 지속되지 않는 법이야.
>
> _ 소설 《노인과 바다》에서 노인의 말

　회사에서 잘 나가는 사람을 보면 어떤 마음이 드시나요? 물론 축하해주고 싶은 생각도 들지만, 한편으로는 '왜 나는 저렇게 되지 못했지?' 하는 생각이 들 때도 있을 것입니다. 배가 아픈 것이죠.

　제가 회사에 다닐 때 P 동료가 있었습니다. 물론 제가 그분을 평가할 위치는 아니지만 업무와 대인관계 능력은 그냥 보통이라고 생각했었습니다. 그런데 그가 직무순환 근무 때문에 다른 팀으로 이동을 하게 되었고 시장상황이 바뀌며 그 팀 실적이 자연스레 좋아지게 되었습니다. 덕분에 그는 저와 같은 연차이었음에도 그는 결국 저보다 진급을 빨리하였습니다. 그가 승승장구하는 모습을 지켜봤어야 했습니다. 물론 제가 모르는 그의 실력이 작용했을 수도 있지만 제가 보기엔 운이 많이 작용한 것으로 보였습니다.

'왜 나는 운도 지지리도 없을까?' 생각했습니다. 우리는 남의 행운을 보며 이렇게 고통스러워하고 괴로워해야 할까요? 생각해보면, 사실 행운은 우리의 통제영역 밖에 있습니다. 우리가 아무리 노력을 하고 고민을 해도 우리의 결과에 영향을 미치는 변수들이 존재합니다. 예를 들어, 경제상황, 회사구조변화, 변화된 조직문화, 인사이동 등 많은 변수가 있을 수 있죠. 이런 변수들은 우리가 통제할 수 있는 것들이 아닙니다. 그렇다면, 우리가 통제할 수 있고 우리의 역량을 키울 수 있는 부분에 집중하고 노력하는 것이 나을 수 있습니다. 이것이 다른 사람의 운을 부러워하며 '나는 운이 없는 사람'이라고 자책하는 것보다 나은 결과를 불러 올 수 있습니다.

한 사람의 행운이 모든 사람에게
똑같이 행운으로 작용하는 것은 아니다
———

남의 행운은 말 그대로 남의 행운일 뿐입니다. 그 행운이 나에게 왔을 때 나에게도 똑같이 행운으로 작용한다는 법도 없습니다. 똑같은 로또 복권에 당첨되고도 누군가는 당첨금이 행복의 시작이 될 수 있고 누군가에게는 불행의 씨앗이 될 수 있는 것처럼 말이죠.

2018년 4월, 텍사스주 댈러스에 사는 데이비드 워드라는 남성은 파워볼 복권 1억 1,500만 달러약 1,100억 원에 당첨되었습니다. 그는 당첨 소식을 접한 직후 아내에게 이혼을 신청했습니다. 20년이 넘게 유지되온 결혼생활이 복권 당첨 몇 주만에 이혼소송의 진흙탕 싸움으로 바뀌었습니다. 그들의 이혼소송은 2019년에 마무리되었습니다. 재판에서 판사는 아내에게 1,000만 달러약 100억 원의 위자료를 지급하라는 명령을 내렸습니다.

그 남성이 복권에 당첨되지 않았더라면 이혼할 일도 없었을 텐데 하는 생각이 듭니다. 그는 복권에 당첨되고 20년 넘게 함께한 아내와 이혼한 후 더 행복한 삶을 살고 있을까요?

독일의 철학자 비트겐슈타인은 행운에 대해 이런 말을 했습니다.

"남을 부러워하지 마라. 그들이 수중에 넣은 것을 원하지 마라. 만일 똑같은 게 자신의 수중에 들어왔다고 해도 남들처럼 행운이 찾아올 거라 백 퍼센트 장담할 수 없다. 당신 손에 쥐어진 순간, 큰 재앙을 초래할지도 모르기에."

그의 말처럼 누군가에게 행운을 가져다주는 것이 나에게는 재앙을 가져다줄 수도 있습니다. 남의 행운을 마냥 부러워할 필요 없는 이유입니다.

헤밍웨이의 소설 《노인과 바다》에서 노인은 거대 물고기와 목숨을 건 사투를 벌입니다. 결국 승리합니다. 길이 5m가 넘는 대형 물고기를 잡은 것이죠. 하지만 물고기를 배에 매달고 집으로 돌아올 때쯤 배에 매달린 물고기의 살점은 거의 남아 있지 않았습니다. 상어떼들이 달려들어 뜯어 먹었기 때문입니다.

저는 이 장면을 보며 '성공은 반드시 완벽한 모습으로 오지 않는다.'고 생각했습니다. 사투를 벌여 얻은 성공을 목적지에 가지고 왔을 땐 성공이 처음 그 성공의 모습이 아니었던 거죠. 우리의 일상도 마찬가지라고 생각합니다. 직장에서 성공을 거둔 한 동료가 그 일로 인해 뜻하지, 않게 힘들어하는 경우도 종종 봤습니다.

또한 지금의 성공이 영원한 축복을 가져다주지는 못한다고 생각합니다. 로또에 당첨된 사람의 끝이 안 좋은 이야기를 뉴스로 접한 적이 있습니다. 로또 당첨자들 중 행복한 삶을 살아가고 있는 사람도 있지만, 불행한 삶을 살아가는 사람도 있습니다. 당첨 상금 때문에 주위에 몰려든 사람에 의해 사기를 당하고 죽임을 당하고, 스스로 약물 중독에 빠지는 당첨자도 있었습니다. 복권 당첨이 큰 행운인 것은 틀림이 없지만 큰 행운은 언제든 큰 재앙과 함께 올 수도 있다는 사실을 알게 되었습니다.

지금 여러분이 힘든 상황에 있어 곤란을 겪고 있어도 크게 낙

담할 필요는 없습니다. 여러분에게 큰 성공이 찾아왔다고 해서 크게 기뻐할 필요도 없습니다. 큰 성공은 큰 실망을 함께 달고 올 수 있기 때문입니다. 여러분의 성공을 갉아먹는 상어도 함께 데리고 올 수 있기 때문입니다.

반대의 경우도 마찬가지입니다. 누군가에게는 불행, 위기라고 여겨지는 일이 누군가에게는 행운, 기회일 수 있습니다. 2020년 1월에 시작한 코로나 사태는 약 3년 동안 우리 삶을 지배했습니다. 경제적 타격도 심했죠. 코로나 사태로 인해 제가 다니던 회사도 매출과 이익이 급락했습니다. 이에 따라 인력 감축도 단행했죠. 명예퇴직 대상자에 오른 사람들은 인사팀과 면담을 하기 시작했습니다. 많은 사람이 떠나갔습니다. 그중 저도 포함되어 있었습니다. 2년 연속 진급에 실패하여 명예퇴직 대상자에 선정되어 있었죠. 물론 제가 희망하지 않으면 안 나갈 수 있었습니다. 하지만 저는 퇴직을 선택하였습니다. 저는 기회라고 생각했기 때문이죠.

감정의 균형점 찾아야 하는 이유

저는 어차피 심리상담사로서의 제2의 인생 시작을 위한 준비를 끝마친 상태였습니다. 회사에 다니며 5년 동안 제2의 인생 준비를 해왔기 때문입니다. 심리상담 대학원을 다녔고 심리상담사 자격증을 취득했습니다.

'어차피 퇴직하려고 했는데 명예퇴직으로 지원금까지 받게 되었어. 잘됐다.'

차라리 잘됐다고 생각했습니다. 누군가에게 위기는 그냥 위기일 뿐이지만 누군가에게 위기는 기회입니다. 단 평소 준비가 된 사람에 한해서겠죠. 평소 준비가 안 되어 있으면 위기는 그냥 위기일 뿐입니다.

다시 한 번 말씀드리지만 큰 성공이 찾아왔다고 해서 마냥 기뻐할 필요 없습니다. 큰 성공은 큰 실망을 뒤에 감추고 올 수 있기 때문입니다. 마찬가지로 큰 실패가 찾아왔다고 해서 크게 실망하고 괴로워할 필요 없습니다. 그것이 나중에 또 어떤 기회로 연결될는지 아무도 모르기 때문입니다. 적당히 즐거워하고, 적당히 슬퍼하는 감정의 균형을 가지면 좋겠습니다. 그렇게 생각해도 괜찮습니다.

39

내 감정이지만
내 마음대로 하기 힘들어요

> 감정이 강력할 때 그것을 통제하기 위해서는 많은 의지가 필요하다.
>
> _ 조셀린 글리(작가)

중요한 회의를 앞둔 상황이었습니다. 다른 부서의 동료와 민감한 문제에 대해 협의를 해야 하는 자리였습니다. 어떤 매출이 발생했는데, 제가 있는 부서로 실적을 잡을 수도 있었고, 상대 동료가 있는 부서로 실적을 잡을 수도 있는 상황이었습니다. 회사 차원에서는 그 매출이 그 매출이었지만 저와 그 담당자에게는 달랐습니다. 팀의 실적이 왔다 갔다 하는 상황이었기 때문입니다. 저는 차분히 저의 입장, 저희 팀의 입장을 설명할 수 있을 것으로 생각했습니다. 아니 그렇게 다짐했습니다. 회의가 시작되었습니다.

'차분하게 말해야지. 나는 이성적이고 합리적인 사람이니까.'

나	그 거래처에서는 그 매출을 우리 쪽으로 잡고 싶어 하는 것 같던데 알고 계시죠?
다른 팀 직원	그 거래처는 우리 쪽과 이미 얘기가 끝냈는데요? 저희와 연간 매출 계획을 이미 다 짜 놓고 그건 사업부장님께도 이미 보고가 된 상태예요.
나	아니, 그게 무슨 @$@$ %@$^ #%*%#%!!

역시나 무너지고 말았죠. 흥분해서 말을 제대로 하지 못했습니다. 어찌어찌해서 사업부장님께 함께 보고를 드린 후 의사결정을 받는 것으로 마무리했습니다. 저 자신이 참 답답했습니다. 허탈했습니다. 웃음이 나왔습니다. 분명 미팅 전에는 차분하게 이성적으로 말할 수 있을 거라 생각했는데 기대는 보란 듯 무너지고 말았습니다.

이성적이 될 수 있을 거라 믿었던 나는 왜 감정적으로 되었을까?

————

심리학에는 '통제편향Restraint bias'이라는 말이 있습니다. 우리

가 충동을 억제하는 능력을 스스로 과대평가하는 경향을 말합
니다. 즉, 실제로는 충동적으로 될 거면서 그 전에는 "나는 차분
하고 이성적으로 임할 수 있을 거야."라고 생각하는 경우죠.

어찌 보면 저도 이 통제편향으로 인해 저도 모르게 과한 기대
를 했던 것 같네요. 혹시 여러분도 이런 적이 있으신가요? 생각
했던 대로 말하지 못하고, 생각했던 대로 행동하지 못했던 이유
가 이 통제편향 때문에 그런 것이라고 이해해볼 수 있겠습니다.
하지만 그렇다고 너무 자책하지는 않았으면 좋겠습니다. 생각
했던 만큼 차분하고 이성적으로 되기는 누구에게나 어려운 일
이니까요. 사람은 감정의 동물이니까요.

상대방도 마찬가지일 수 있습니다. '상대방은 차분해보였다.'
라고 생각될 수 있습니다, 하지만 상대방도 같은 생각을 했을
수 있지요. 그 역시 자신이 감정을 제대로 통제하지 못했다고
말이죠.

회사의 알던 선배가 그랬습니다. 회의 때 상사의 날카로운 질
문에도 편안히 대답하고, 어려운 발표도 술술 해내는 선배가 였
는데요. 그땐 그런 선배가 그렇게 멋있고 듬직해보일 수가 없었
습니다. 어느 날 그 선배와 술 한 잔 하는 자리에서 그가 이렇게
말했습니다.

"회사에서 회의시간에 어려운 질문을 받을 때마다 머릿속이
하얘진다. 횡설수설하는 나 자신이 너무 싫다."

이 말을 듣고 믿기지가 않았습니다. 겉으로 보기에는 너무나 멀쩡해보였거든요. 그런 선배가 그런 생각을 하고 있었다니 놀라울 따름이었습니다. 누구나 자신의 감정을 정확히 통제하고, 하고 싶은 말을 차분히 해내기는 쉽지 않은 일인가 봅니다. 그러니 당신도 혹시 어떤 상황이 충동적이었다고 느꼈다면, 왜 그때 좀 더 흥분을 가라앉히지 못했을까? 후회되는 순간이 있다면 이런 생각을 해보면 어떨까요?

'좀 더 이성적으로 대응할 걸 그랬어. 아쉽긴 하지만 상대방도 마찬가지일 것이다. 그래도 내가 생각했던 최악은 피해서 다행이다.'

네. 맞습니다. 최악의 결과는 피해서 다행입니다. 저도 당시 사례에서 매출이 다른 팀으로 넘어간 것은 아니라 최악은 피했다고 생각합니다.

내 감정의 적정한 선을 찾아서

———

회사에서의 감정조절과 더불어 또 하나 알아두셨으면 하는 심리학 이론이 있습니다. 바로 '동기의 각성이론The Arousal Theory of Motivation'인데요. 흥분 수준이 너무 높을 때는 우리가 이를 자동으로 낮추려 하고, 흥분상태가 너무 낮을 때는 자동으로 이를 높이려 하는 경향을 말합니다. 예를 들어, 회사에서 너무 정신이 없을 정도로 바쁘고 다양한 일들이 펼쳐지고 있다면 각성상태를 낮추기 위해 조용하고 차분한 일이나 공간을 무의식적으로 찾게 될 것입니다. 반대로 하는 일이 너무 단조롭거나 별일이 없다고 느껴지면 각성상태를 높이기 위해 뭔가 재미있고 짜릿한 일을 무의식적으로 찾게 된다는 것입니다.

이는 우리의 마음 자체가 너무 무료한 상태도, 너무 흥분된 상태도 원하지 않기 때문입니다. 중간의 적절한 지점에서 감정이 유지되는 것이 우리의 마음이 원하는 것입니다. 그러므로 우리의 마음에 도움이 되기 위해 하는 노력이 중요합니다. 예를 들어, 여러분 자신이 지나치게 흥분을 잘하는 사람이라고 생각이 되면, 필요할 때 깊은 호흡을 하는 습관을 들이면 좋습니다. 반면 여러분 자신이 지나치기 조용한 사람이라고 생각되면, 필요한 순간 용기를 내어 의견과 감정을 적절히 표현하는 습관을 들이시면 좋겠습니다. 회사에서는 너무 활발하거나, 너무 조용한 것보다는 적당한 수준에서 에너지를 발산하는 것이 여러분 자신의 마음관리에 도움이 된다고 믿습니다. 적당한 마음가짐, 적당한 액션은 회사에서도 필요한 요령입니다.

40

'라떼나 때는 말이야'의
속마음

> 경험은 훌륭한 선생님이다. 하지만 그것은 무시무시한 청구서를 보낸다.
>
> _ 미나 앤트림(작가)

"그때는 더 힘들었었어. 지금은 아무것도 아니야."

"말도 마 김 대리. 나 때는 이 일을 2명이 했었어. 지금 5명의 절반도 안 된 거지."

여러분이 선배, 선임, 상사들에게서 들었을 법한 얘기입니다. 저 역시 신입사원 때 많이 들었던 얘기죠.

이런 얘기를 듣고 있으면 '선배님의 그때는 뭐 그랬을 수도 있겠다.' 싶습니다. 하지만 그것뿐입니다. 그때의 상황과 지금의 상황은 다릅니다. "김 대리님, 죄송한데 그때랑 지금은 상황이 많이 달라서요."라는 말이 목 끝까지 올라옵니다. 근데 그 말을 차마 내뱉지는 못하죠.

제가 면세점에서 근무할 때 일입니다. 영업팀에서는 판매품 목을 크게 5가지로 나누어 관리하고 있었습니다. 화장품/향수, 럭셔리 패션, 럭셔리 시계/주얼리, 패션 잡화, 식품/전자기기/기념품 등 총 5가지 카테고리였습니다. 각 카테고리마다 영업 담당자가 있었습니다. 저는 화장품/향수 카테고리를 담당하고 있었습니다. 어느 날 럭셔리 시계/주얼리를 담당하던 담당자가 퇴사했습니다. 어쩔 수 없이 제가 그쪽까지 임시로 겸임을 하게 되었지요. 그만큼 챙겨야 할 것도 많아지고 회의도 많아졌습니다. 힘에 부치는 느낌이었습니다. 어느 날 점장님과 함께 매장을 점검했고 점장님이 제게 물어보셨습니다.

점장님	최 과장, 다른 카테고리까지 겸임을 하니까 어떤가? 할 만한가?
나	아. 네. 뭐 할 만합니다. 근데 좀 일이 많아지긴 했네요.
점장님	그래도 할 만할 거야. 나 때는 두 명이서 다했어.
나	'네? 그걸 말씀이라고 하시는지…' **물론 속으로**

예전과 당시는 상황이 달랐습니다. 예전에는 매출규모도 훨

씬 작았고, 데이터를 가지고 하는 매출회의도 없었습니다. 그만큼 영업관리 방식도 단순했습니다. 찾아오는 관광객 손님도 내국인, 일본인에 국한되어 있었죠. 하지만 제가 근무하던 당시는 예전보다 매출도 10배 이상 뛴 상황이었습니다. 그만큼 영업관리 방식도 복잡해졌습니다. 그런 만큼 회의도 많아졌죠. 찾아오는 관광객 손님도 중국인, 베트남인, 말레이시아인 등 다양해졌습니다.

시대를 초월하는 "나 때는 말이야."
———

고대 그리스 철학자 소크라테스는 이런 말을 했다고 합니다.

"요즘 애들은 사치품을 사랑한다. 그들은 버르장머리가 없다…중략… 그들은 어른을 공경하지 않고, 운동하는 공간에서 떠든다. 그들은 어른이 방에 들어올 때 자리에서 일어나지 않는다… 다리를 꼰다."

소크라테스가 당시 젊은 아이들을 두고 작심발언을 한 것으로 보입니다. 그때 운동하는 공간에서 떠들면 예의 없는 행동이었나 봐요. 한 마디로 버르장머리가 없는 행동이라고 생각했던 것 같습니다. 요즘 표현으로 이렇게 생각을 했을 것 같습니다.

'아 요즘 애들 진짜 버릇없다. 나 때는 말이야 너희 이러는 거 상상도 못 했어.'

기원전 469년에 태어난 소크라테스가 기원전 499년에 태어난 젊은 사람들을 보며 그런 생각을 했다는 것이죠. 우리가 보기엔 그들 모두 까마득한 고대인들인데 말이죠. 그러고 보면 '라떼는 말이야.'는 동서고금을 막론하는 인간의 본능적 말투인 것 같습니다.

심리학에는 '변화편견Change bias'이라는 심리학 용어가 있습니다. 어떠한 성과를 이루고 그 성과를 이루기 위한 과거를 돌아보았을 때, 그 과거를 실제보다 더 힘들고 어려웠던 것으로 기억하는 경향을 말합니다. "그때는 말이야 사람이 없어서 더 힘들었지. 맨땅의 헤딩이었어." 라고 말하는 선배에게 이런 애기를 해주고 싶었습니다.

"지금이 그때보다 힘들지 않은 것 같다고 해서 지금 힘든 것을 힘들어하지 않을 수 있나요? 그때는 그때고 지금은 지금입니다. 그때 나름 힘든 것이 있는 것처럼, 지금 나름 힘든 것도 있는 겁니다."

물론 속으로 말했습니다. 여러분도 이런 생각이 드는 때가 올지도 모릅니다. "나 때는 말이야."를 강조하는 선배를 만난다면 속으로 이렇게 생각해보면 어떨까요?

‘어이구 저 화상 또 옛날 타령이네. 변화편견에 휘둘리고 있구먼. 그냥 그러려니 하고 넘어가자.’

자신의 경험만 강조하다 보면 찾아오는 것

이렇게 생각하는 것이 여러분의 정신건강에 그나마 좀 도움이 될 것 같습니다. 그 짜증나는 상황을 조금이라도 수월하게 넘어갈 수 있을 테니 말입니다. 여러분도 언젠가는 선배가 되고 선임이 될 것입니다. 자신도 모르게 후배들에게 자신의 경험을 은근히 자랑하고 강요하는 선배가 되지 않도록 유의하면 좋겠습니다.

미국의 작가 안나 앤트림Anna Antrim이 말한 "경험은 훌륭한 선생님이다. 하지만 그것은 무시무시한 청구서를 보낸다."의 속뜻은 무엇일까요? '한 사람의 경험은 분명 많은 것을 알려주지만 과거의 경험만 중요시하다 보면, 부작용이 발생할 수도 있다.'는 의미입니다.

고통의 크기는 상대적이지 않습니다. 고통의 크기는 절대적입니다. 누구나 자신이 힘들면 힘든 법입니다. 그런면에서 고통이나 힘겨움을 비교하는 것 자체가 공기의 무게를 비교하는 것처럼 큰 의미가 없을 수 있습니다. 자신의 경험으로 타인의 고통 크기를 쉽게 판단하지 맙시다.

41

생각보다 가까이에 있는 가스라이팅

> 지금 네게 주어진 일에서 아주 작은 진전을 이룬 것에 만족하고, 그런 결과를 하찮은 것으로 여기지 말라.
>
> _마르쿠스 아우렐리우스(고대 철학자)_

제가 상담했던 신입사원 K 씨는 오늘도 팀장님께 이런 얘기를 들었다고 합니다.

"K 주임, 이런 식으로 보고서를 작성하면 아무도 안 봐. 나니까 이 정도에서 넘어가는 거야."

K 주임은 하도 이런 얘기를 자주 듣다 보니 이런 생각이 들었다고 합니다.

'정말 다른 사람 같았으면 더 뭐라 했을 수도 있겠구나. 팀장님 말씀을 더 잘 들어야겠다.'

제 아내는 아이들을 혼낼 때 이런 말을 자주 합니다.

"또 그런다 또. 너는 왜 항상 그래."

이런 말을 듣다 보면 이런 생각이 듭니다.

'정말 애가 항상 그랬나?'

'가스라이팅Gas lighting'이라는 말을 대부분 들어보셨을 겁니다. 타인의 심리나 상황을 교묘하게 조작해 상대방이 자신을 스스로 의심하게 만듦으로써, 그 사람에 대한 지배력을 강화하는 행위를 말합니다. 언젠가부터 뉴스에서도, 주변에서도 심심치 않게 들을 수 있죠. 미국의 한 유명 출판사가 '2022년 올해의 단어'로 '가스라이팅'을 선정하였습니다. 그만큼 가스라이팅은 우리가 원하든 원하지 않았던 직장이나 가정에 가까이 다가와 있는 듯합니다.

앞서 소개한 K 주임과 제 아이들, 두 가지 상황의 공통점이 있습니다. 상대적으로 힘이 없고, 권력이 없는 사람은 힘이 있고 권력이 있는 사람의 같은 말을 반복해서 듣게 될 가능성이 높다는 것입니다. 힘이 있는 사람에게서 같은 말을 반복해서 듣다 보면 그 사람의 말이 맞는 것 같다고 믿게 됩니다. 이후에는 그 사람의 말하는 대로 행하게 됩니다. 그 사람 말을 안 들으면 마치 큰일이 날 것 같은 두려움이 생기기 때문입니다. 그것이 가스라이팅의 시작입니다.

아니 어머니 그게 무슨 말씀이신가요? 제 고향이 다리 밑이라고요?

———

처음에는 '무슨 소리야?' 싶다가도 계속 들으면 '그런가?' 할 수 있거든요. 말 그대로 뇌에 새기는 것입니다. 흔히 말하는 '세뇌洗腦' 당하는 것입니다. 세뇌식 교육, 주입식 교육이 이런 것이죠.

"너 다리 밑에서 주워 왔어. 말 안 들으면 다시 다리 밑에 데려다준다."

요즘 신입사원분들은 이런 말을 안 듣고 자랐는지 모릅니다. 하지만 저는 이런 말을 초등학교 2학년 때까지 듣고 자랐습니다. '나의 고향은 다리 밑이구나. 언젠가 다시 다리 밑으로 돌아가야겠지? 나의 진짜 부모님은 어디에 계실까?' 지금 생각해보면 제 인생 첫 번째 세뇌가 아니었을까 싶습니다.

한 번 세뇌를 당한 내용은 성인이 되어서까지 남아 있을 수 있습니다.

"너 엄마 말 안 들으면 나중에 커서 거지 된다." 와 같은 반복적으로 듣고 자란 아이는 성인이 되어서도 엄마의 말에 복종하는 경향을 보일 수 있습니다. 마찬가지로 "이 주임, 그런 식으로 사람을 대하면 사람들이 이 주임을 별로 안 좋아해."라는 상사의 말을 반복적으로 듣는 신입사원은 상사가 말하는 대로 생각하고, 행동할 가능성이 커집니다.

문제는 이러한 가스라이팅이 생각보다 심각한 상처를 우리의 마음에 준다는 점입니다.

정신과의사인 머레이 보웬Murray Bowen과 엘렌 라이트Ellen Wright는 '가스라이팅이 정신건강에 미치는 영향'에 대해 연구를 했습니다. 가스라이팅을 당한 경험이 있는 100명의 여성을 대상으로 실시한 연구결과에 따르면, 가스라이팅을 당한 적이 있는 사람은 불안, 우울증, 트라우마 등과 같은 다양한 정신건강 문제를 가스라이팅을 당하지 않는 사람에 비해 더 많이 경험하는 것으로 나타났습니다.[14]

성폭력 생존자를 위한 권리운동가인 멜리사 파벨로Melissa Fabello와 임상심리학자인 아미 웬젤Amy Wenze은 가스라이팅을 당한 100명의 성인을 대상으로 연구를 수행했습니다. 이 결과에 따르면, 이러한 경험이 있는 성인들 역시 불안, 우울증, 트라

우마 증상을 포함한 다양한 정신건강 문제를 더 많이 겪는 것으로 나타났습니다.[15]

이는 가스라이팅의 고통은 그 당시로만 끝나지 않는다는 것을 의미합니다. 그 이후에도 마음과 정신에 남아 고통을 줍니다. 직장에서도 가스라이팅에 대해 진지하게 생각하고 주의해야 하는 이유입니다. 내가 혹시 가스라이팅을 받고 있는 것은 아닌지 점검해봐야 하는 이유입니다.

직장에서 가스라이팅이 더 빈번하게 발생할 수 있습니다. 그 이유는 무엇일까요? 직장은 서열, 계급, 위치가 있는 조직이기 때문입니다. 가스라이팅은 주로 높은 서열에 있는 사람이 아래 서열에 있는 사람에게 주로 가해집니다. 우리가 직장생활을 하면서 누군가에게 인정을 받고 싶은 건 당연한 욕구죠. 인정받고 싶은 욕구로 인해 상사의 말을 무조건적으로 따르게 되는 경향이 발생할 수 있습니다. 자신이 이러한 경향에 해당되는 것 같다면 주의를 기울여야 합니다.

물론 상사의 말이 일리가 있다고 느껴지거나 합리적으로 보인다면 겸허히 받아들일 수 있을 것입니다. 그런데 아무리 생각해봐도 '그런 것 같지 않다면…' '확신이 서지 않는다면…' '이게 맞나 싶다면…' 주위에 도움을 청해서 확인을 해봐야 합니다. 상사의 지시나 말에 대해 주변 사람들과 나누어 보셔야 합니다. 그 사람들의 의견을 참고하여 검증을 해봐야 합니다. 혼자서는 판단이 잘 서지 않을 수 있습니다. 남들의 눈을 통해 객관성을 확보해야 합니다.

내가 내 자신의 노력과
현재 모습을 인정해주는 것이 먼저

————

가스라이팅에 휘둘리지 않는 또 한 가지 방법이 있습니다. 자신이 이룬 것에 대해 그 의미를 스스로 부여하는 것입니다. 자신의 성과에 대해 상사가 인정하지 않거나 비아냥거리는 모습을 자주 보인다면, '내가 일을 잘하지 못했구나.'라는 생각이 강화될 수 있습니다. 그러다 보면 업무에 자신감이 없어지고 상대에게 종속되는 심리적 현상이 심화될 수 있습니다. 그러한 악순환에 걸려들지 않기 위해서, 자신의 성과에 스스로 의미를 부여하며 자신을 다독이는 노력이 중요합니다.

'팀장님은 별로라고 생각하지만 나는 그래도 점점 나아지고 있어.'

그렇습니다. 지금 당신에게 필요한 것은 큰 진전이 아니라 작은 진전에도 큰 의미를 부여할 수 있는 넓은 마음입니다. 아무리 상사가 하는 말이라도 '이건 아니다.' 싶은 것이 있으면 혼자서 고민하지 말고 주위 사람에게 털어놓아 봅시다. 그래야 제대로 된 판단을 할 수 있습니다. 그렇게 해도 괜찮습니다. 그러한 마음이 당신을 더 튼튼하고 의연하게 만들어줍니다. 참고할 것은 참고하되 상사의 비판적 언행에 너무 휘둘리지 않는 의연한 당신이 되면 좋겠습니다.

VI

신입 다음의 계절을
준비하는 당신을 위해

42

중고신입이 신규신입을 대하는 바람직한 자세

> 가장 좋은 리더는 가장 위대한 일을 하는 사람이 아니다. 사람들이 가장 위대한 일을 하도록 만드는 사람이다.
>
> _ 도널드 레이건(미국 전직 대통령)

"차라리 후배가 안 들어왔으면 좋겠어요. 저도 아직 일을 제대로 못 배웠는걸요."

이 말의 숨겨진 의미는 무엇일까요?

'내가 그래도 선배인데 내가 후배보다 일 못 하는 모습을 보여줄 수는 있겠느냐?'

'내가 그래도 선배인데 내가 후배보다도 못하다는 소리를 들으면 어떡하나?'

'내가 그래도 선배인데 후배에게 알려주는 게 없으면 어쩌지?'

이런 생각들의 공통점은 '내가 그래도 선배인데…'입니다. '선배는 후배보다 아는 것도 많고 더 잘해야 하고 더 나아가서는 존경을 받아야 한다.'라는 생각이 무의식적으로 전제되어 있는 것이죠.

완벽한 선배, 좋은 선배가 되어야 한다는 부담

자! 그럼 한번 생각해보죠. 여러분들이 겪었던 선배들은 모두 그런 모습을 보여주었나요? 항상 후배보다 낫고 일을 더 잘하고, 무엇이든 척척 해내는 선배들만 있었나요? 당신의 선배, 상사, 팀장님은 항상 당신보다 모든 면에서 나았나요?

아마 아닐 것입니다. 그중에는 본받고 싶은 선배도 있었고 아닌 선배도 있었을 것입니다. 본받고 싶은 선배라 해도 그의 모든 점을 본받고 싶지는 않았을 것입니다. 당연한 얘기이지만 세상에 완벽한 사람이 없는 것처럼 회사에도 완벽한 선배는 없습니다. 여러분도 완벽한 선배가 될 필요는 없습니다. 완벽한 선배가 되지 않아도 괜찮습니다. 여러분 밑에 신입이 들어와 부담

266

을 느끼시는 분이 계신다면, 이렇게 생각해보시기 바랍니다.

'후배가 들어오네. 적어도 한 가지는 확실히 가르쳐줄 수 있는 선배가 되자.'
'적어도 한 가지 면에서는 선배다운 면을 보여주자.'

이런 생각이 부담을 덜어줄 것입니다. 후배도 실제로는 그 정도의 기대만 하고 있을 가능성이 큽니다. 그러니 너무 부담을 갖지 않았으면 좋겠습니다. 너무 '좋은 모습만 보여줘야 한다.'는 강박관념은 버렸으면 좋겠습니다.

독일의 대문호 괴테는 "한 가닥 머리카락조차도 그 그림자를 던진다."라고 했습니다. 머리카락 하나도 그림자가 있는데 선배라고 그늘이 없을까요? 선배라고 모든 면에서 뛰어날 수 있을까요? 후배에게 알려줄 것은 한두 가지만 있어도 됩니다. 그 정도면 됩니다. 선배라고 해서 그림자 하나 없이, 완벽하게 모든 것을 다 알고 있을 수는 없습니다.

여러분도 한번 생각해보시면 좋을 것 같아요. 여러분에게 기억에 남는 선배가 있나요? 그 선배는 어땠나요? 모든 면에서 선배 같았나요? 모든 면에서 배울 점이 있었나요? 그렇지 않을 것입니다. 저는 모를 땐 모르겠다고 솔직히 말해주는 선배, 힘들 땐 힘들다고 말하는 선배, 회사 욕을 먼저 터주는 선배가 더 기억에 남습니다. 그런 사람이 더 좋았던 선배로 기억에 남아 있습니다.

심리학에는 '실수효과Pratfall effect'라는 개념이 있습니다. 평소 완벽하고 유능해보이는 사람이 실수하는 모습을 보면, 그 사람에 대한 호감이 오히려 증가한다는 이론인데요. 생각해보면 그럴 수도 있을 것 같습니다. 완벽해보이는 사람이 완벽한 모습만 보여주면 정이 안 갈 수 있잖아요? 가끔은 계산도 틀리고, 엉덩방아도 좀 찧어 주고, 커피도 좀 쏟아줘야 정이 가지 않겠어요? 평소 완벽해보였던, 평소 엄해보였던 사람이 실수를 하면, '아 저분도 사람이구나!'하는 생각이 들며 친근감을 느낄 수 있을테니 말이죠. 사람 냄새가 날 수도 있고요.

미시간대학교 조직심리학 아담 그랜트Adam Grant교수가 수행한 실험이 있습니다. 이 실험에서 그는 100명의 실험 참가자들에게 면접시험을 보는 두 명의 응시자를 영상으로 보여주었습니다. 영상 속 한 응시자는 모든 질문에 정확히 답했습니다. 영상 속 다른 응시자는 모든 질문에 정확히 대답을 하지만 물컵을 엎지르는 실수를 저질렀습니다. 영상을 시청한 사람들에게 "면접관이라면, 둘 중 누구를 더 뽑고 싶은지?" 물어봤습니다. 놀랍게도 62명의 사람들이 "대답을 잘했지만 컵을 엎지른 사람을 뽑고 싶다."고 대답했습니다.[16]

실수하는 사람에게도 매력이 있다

신기하죠? 실수하는 사람에게 더 많은 호감을 느끼는 연구결과도 있고 말이죠. 완벽해보이지만 실수도 하는 사람에게 끌리는 이유는 뭘까요? 아마도 더 인간적으로 느껴지기 때문 아닐까요? 실수는 실수 이상의 매력을 줄 수 있기 때문입니다. 물론 실수효과가 적용이 되려면 '평소 완벽해보이는 사람'이라는 전제가 필요합니다. 평소 흠잡을 데 없이 완벽해보이는 사람이 실수를 했을 때에 이 실수효과가 적용될 수 있다는 주의해야 할 사항입니다. 그래도 어쨌건 사람들은 타인의 실수에도 매력을 느낄 수 있다는 점에 안심이 됩니다.

그러니 당신도 선배로서 너무 완벽한 모습만 보이려 애쓰지 않았으면 좋겠습니다. 당신의 후배는 당신이 완벽한 선배이기보다 친숙하고 정이 가는 선배이길 바라고 있을지 모릅니다. 당신이 당신의 선배에게 바랐던 것처럼 말이죠.

좋은 선배, 좋은 멘토가 된다는 것은 여러분의 강점과 약점을 솔직히 후배에게 보여준다는 의미입니다. 여러분이 후배에게 여러분의 부족한 면을 보여줄 때 후배 역시 '아 내가 부족한 것이 이상한 것이 아니구나. 선배도 힘든 부분이 있는데 나는 더 그럴 수 있지.'하며 용기를 낼 수 있습니다. 용기를 줄 수 있는 선배가 진정한 선배 아닐까요?

43

좋은 연애를
하고 싶나요?

> 직장에서 사랑에 빠지는 것은 위험이지만 감수할 가치가 있는 위험이다.
>
> _도나 린 호프(작가)

'매일 회사, 집, 회사, 집만 오가는데 연애는 언제 하지?'
'좋은 사람을 만나고 싶은데 방법을 모르겠다.'

이성에 대해 호감을 느끼는 마음, 누군가를 좋아하는 마음, 자연스러운 마음이라 할 수 있겠죠? 여러분들도 마찬가지일 것입니다. 저도 그랬습니다. 사회생활을 시작하며 연애에 본격적으로 관심을 가졌습니다. 사회생활 초반 신입사원 때가 연애의 최

적기가 아닌가 싶습니다. 안정된 직장도 있고 돈도 적당히 있고 시간도 적당히 있고 말이죠. 건강하고 젊고 에너지도 넘칩니다.

2023년 온라인 설문기관 ㈜피앰아이가 전국의 미혼남녀 2,400명에게 결혼 생각에 관한 설문조사를 실시했습니다. 이 결과에 따르면, 응답자의 61.4%가 "현재로서는 결혼에 관한 생각이 없다."고 밝혔습니다. 10명 중 6명이 비혼非婚 의사를 밝힌 셈입니다.[17] 결혼하고 싶지만 여러 가지 이유로 주저하는 것인지, 결혼 자체가 싫은 것인지, 아니면 나중에는 결혼하고 싶을지는 모르겠습니다. 어쨌든 그만큼 결혼에 대한 인식이 과거에 비해 변화하고 있다는 것을 느낍니다.

최근에는 물가도 많이 오르고 경제적·시간적 부담도 증가해 연애 자체가 부담인 사람들도 많아지고 있는 것 같습니다. 또는 일이 바빠서, 데이트 비용이 아까워서, 생활비를 절약하기 위해서. 아니면 그냥 혼자인 것이 좋아서 그럴 수도 있다는 생각이 듭니다. 한편으로는 안타깝고요.

그런데 말이죠. 연애할 마음도 있고 연애할 여건도 되는데 연애를 할 기회가 없는 거라면 어떨까요? 이성을 만나고 싶지만, 기회가 없어서 그런 것이라면? 어떻게 하는 것이 좋을까요? 최근에는 소개팅 애플리케이션을 많이 사용하는 듯 합니다. 또는 지인의 소개를 받습니다. 특히 지인의 소개를 받는 경우는 안정적 사전심의를 거쳐 만날 수 있습니다. 상대에 관한 정보를 대략 듣고 만날 수 있으니까요. 하지만 단점도 있는 듯해요. 제가 생각하는 소개팅의 가장 큰 단점은 상대의 제한된 모습만 확인가능하다는 것입니다.

사내연애가 괜찮은 이유
———

　무슨 말이냐고요? 소개팅 상황에서 처음 상대를 만난 상황을 가정해보죠. 이후 함께 밥을 먹고 영화를 보고 카페에 가고 공원에 가고 할 겁니다. 흔히 말하는 데이트입니다. 데이트할 때만 상대를 만날 수 있죠. 데이트라는 제한된 상황에서의 상대만 확인할 수 있는 겁니다. 그 사람이 일상생활 속에서는 어떤 모습인지, 언제 기분이 좋고, 언제 기분이 안 좋아지는지 알아채기는 힘들죠.

　그런 면에서 저는 사내연애가 좋은 방법이라고 생각합니다. 왜냐하면 사내에서의 일상적인 모습들을 확인할 수 있기 때문입니다. 회사에서는 많은 동료와 많은 시간을 함께하잖아요? 사람들이 일상생활 속에서 어떤 모습인지 좀 더 정확히 알 수 있죠. 부탁할 땐 어떻게 하는지, 부탁을 거절할 땐 어떻게 하는지, 싫은 소리를 할 땐 어떻게 하는지, 사람들 속에서는 어떤 모습인지, 대하기 힘든 사람이 있을 땐 어떻게 대하는지, 곤란한 상황에서는 어떻게 대처하는지, 억울한 일을 당했을 땐 어떻게 행동하는지, 책상에 장식들을 많이 해놓는 편인지, 조촐하게 꾸미는 편인지 등등 말이죠.

　'연애를 하는 데 있어 이런 일상 속 모습들이 중요한가?'라고 생각하실 수도 있을 것 같아요. 저는 중요하다고 생각합니다. 왜냐하면 이런 모습들이 모여 한 사람이 된다고 생각하기 때문이죠. 이런 모습들이 모여 그 사람을 있는 그대로 가장 잘 드러낸다고 생각하기 때문입니다. 상대방을 잘 아는 만큼 성공적인 연애를 할 수 있다고 생각하기 때문입니다.

'식장 로맨스 리얼리티'라는 콘셉트를 가진 예능 프로그램을 최근에 본 적이 있습니다. 〈사내연애〉라는 예능 프로그램인데요. 12명의 남녀가 사내연애를 하면서 누군가를 만나고 누군가를 선택하고 누군가와 커플이 되는 내용입니다. 물론 가상의 회사를 배경으로 합니다. 그 안에서 사람들은 함께 일합니다. 함께 프로젝트도 준비하고 함께 회의도 합니다. 그러면서 서로 자연스럽게 알아갑니다. 1:1 데이트만 할 때보다는 상대의 자연스럽고 솔직한 모습을 더 잘 확인할 수 있습니다.

사내연애에는 이밖에도 다른 장점이 있습니다

———

마음에 안 드는 소개팅 상대에 대한 사전 필터링 기능입니다. 소개팅을 해보신 분들은 아시겠지만, 소개팅에 나가서 실망하고 실패하는 경우가 꽤 많습니다. 카톡 프로필 사진과 달라서, 기대했던 성격과 달라서, 들었던 말과 달라서 말이죠. 사내연애는 평소 봐왔던 상대의 모습을 기본으로 합니다. 같은 일터에서 자연스럽게 스며드는 호감을 바탕으로 합니다. 소개팅에서의 좌절감과 허무함을 걱정하지 않아도 됩니다.

또 다른 장점은 비용입니다. 사내연애는 시간적·경제적 비용을 줄일 수 있습니다. 소개팅에는 고정비용이 들어갑니다. 상대가 마음에 들든 들지 않든 말이죠. 한 번 만나기 위해 함께 밥을 먹고 카페에 가고 운전을 하거나 대중교통을 이용해야 합니다. 시간도 들지요. 퇴근 이후에, 주말에 따로 시간을 내야 합니다. 소개팅에 나온 상대가 마음에 들었든, 들지 않았든 무조건 발생하는 매몰 비용Sunk cost인 셈입니다. 사내연애는 상대를 찾기 위해 이러한 비용을 들일 필요가 없습니다.

마지막 장점은 낮은 부담감입니다. 소개팅에서 만난 상대가 마음에 안 들었다고 가정해보죠. 이를 어찌해야 하나요? 주선자에게 말을 해야겠죠. "○○아 소개팅 해줘서 고마워. 근데 어쩌지. 난 별론데. 그분에게 기분 나쁘지 않게 잘 좀 말해줘." 이런 말을 해야 하는 것 자체가 부담입니다. 사내연애는 그런 것 없습니다. 마음에 드는 사람이 있으면 잘 지켜보다가 용기를 내어 데이트 신청을 하면 됩니다. 아니다 싶으면 혼자 마음을 접으면 됩니다. 누구에게 말할 것도, 누구에게 부탁할 것도 없습니다. 조용히 시작하고 조용히 혼자 끝내면 됩니다.

저는 지금의 아내를 사외연애를 통해 만났습니다. 회사 사람이 아닌 회사 밖 사람이었다는 의미입니다. 제가 다음 생에 다시 태어난다면, 한 번 더 연애할 기회가 주어진다면 저는 100% 사내연애를 하겠습니다. 위에서 말씀드린 이유들로 말이죠.

직장에 호감이 있는 이성이 있다면
마음을 조심스레 표현하는 용기를 내보자

————

물론 사내연애에도 단점이 있을 수 있습니다. 잘 안 됐을 때는 부작용이 심합니다. 둘만의 관계뿐만 아니라 주위 사람들과의 관계, 시선, 태도에도 신경이 안 쓰일 수가 없겠죠. 회사에 마음에 드는 사람이 있다면 그만큼 더 신중히 고민해야 하는 이유입니다. 사내연애를 비밀스럽게 유지할 수 있는 각오, 그 사람이 아니면 안 될 것 같은 확신, 정말 그 사람을 놓치고 싶지 않은 절박함이 있을 때만 시작해야 합니다.

오해는 하지 마시기 바랍니다. "사내연애가 좋다. 사내연애만 하자."라고 말씀을 드리는 것은 아닙니다. "이성적인 호감이 들어도 단지 같은 회사사람이라는 이유로, 단지 직장동료라는 이유만으로 호감을 포기하지는 말자."라는 말씀을 드리는 겁니다.

실제로 저는 이런 말을 직장후배들에게 많이 했습니다. 저와 함께 가까이서 근무했던 회사후배들 중 네 커플이 사내연애를 했었고 세 커플이 결혼했던 것은 우연일까요? 마음을 표현해보고 싶은 이성이 같은 직장에 있다면, 조심스럽게 마음을 표현해보는 것도 괜찮습니다. 당신의 로맨틱한 직장생활을 응원합니다.

44

무료함을 견디는 자세

우리 삶은 소설이 아니요, 늘 그날이 그날 같다. 뭐 새로운 것 없나?
별일 없이 사는 거지 뭐.

_파스칼 브뤼크네르(작가·철학자)

"회사, 집, 회사, 집을 반복하는 생활이 무료하게 느껴져요."

제가 상담했던 신입사원의 고민 내용이었습니다. 정말 회사, 집, 회사, 집만을 반복하다 보면 정말 무료할 수 있을 것 같아요. 지겨울 것 같기도 합니다. 다양한 사람을 만나고 다양한 경험을 하기도 바쁠 시간이잖아요. 한창 좋은 사람을 만나고 좋은 경험을 하고 다닐 때인데 안타까운 생각이 듭니다. 그렇다고 너무 바깥으로 나돌기만 하고 정작 자신을 위한 시간을 확보할 수 없다면 불안감을 느낄 수도 있습니다. 결국은 균형감이니까요. 너무 재미와 위험만을 추구해서도 안 될 것이고, 너무 안정적인 삶만을 추구해서도 안 되겠죠. 어느 한 쪽의 성향만 따라가려고 하는 것은 지양해야 하는 이유입니다.

아주대학교 심리학과 김경일 교수는 TV 프로그램에 출연하여 '헥사토Hexaco 검사'가 우리 한국인들의 문화와 정서에 적합한 성격 검사라고 말씀하셨습니다. 미국 캘거리대학교 심리학과 이기범 교수, 마이클 애스톤 교수가 연구·개발한 성격검사인데요. 이 검사에서는 정직-겸손, 개방성, 성실성, 원만성, 외향성, 정서성 등 6가지 요소를 바탕으로 성격을 평가합니다.

외향성이 특히 높은 사람은 활동할 수 있는 신체적·정신적 에너지가 높은 사람을 의미하는데요. 이러한 사람은 에너지 수준이 높아 다른 사람에 비해 잘 지치지 않습니다. 그만큼 활동적인 일에 대한 욕구가 크고 다양한 경험을 중요시할 수 있습니다. 이런 유형에 해당하는 사람은 반복되는 일상, 절차에 무료함을 더 쉽게 느낄 수 있을 것입니다. 이처럼 똑같은 일상이라도 성향에 따라 누군가에게는 무료하다고 느껴질 수 있지만, 누군가에게는 평화롭고 여유롭다고 느껴질 수 있죠.

싫증과 무료함을 쉽게 느끼는 성향이 따로 있다

———

심리학에는 '감각추구 성향sensation seeking'이라는 용어가 있습니다. 다양하고 신기하고 복잡한 감각과 경험을 추구하며, 이러한 경험을 얻기 위해 신체적·사회적·법적 및 재정적 위험을 감수하려는 경향을 말합니다. 이러한 성향이 높은 사람은 새롭고 참신한 것을 추구하려는 욕구가 남들에 비해 강합니다. 혹시 자신에게 해당하는 얘기라고 생각되시나요?

물론 새로운 것을 추구하고 싶은 마음도 이해합니다. 하지만 항상 새로운 것을 추구하는 것이 쉽진 않겠죠. 너무 새로운 것만 추구하다 보면 그만큼 기존의 것 대해 금방 싫증을 느낄 수 있기 때문입니다. 저도 생각해보면 금방 싫증을 느끼는 편인 것 같습니다. 물건에, 시스템에, 환경에 말이죠. 저는 15년의 회사 생활 동안 네 군데의 회사에 다녔습니다. 한 회사에 평균 4년 정도 다닌 셈이네요. 저의 감각을 추구하는 성향과 무관하지 않다고 생각합니다.

이런 성향 자체가 '좋다, 나쁘다'라고 말할 수는 없습니다. 장단점이 있습니다. 새로운 환경에서 의욕이 솟고 도전적인 일을 경험할 수 있는 장점이 있습니다. 반면, 너무 새로운 것만 추구하다 보면 만나는 사람에게도, 다니는 회사에도 그만큼 금방 싫증을 낼 수 있습니다. 새로움에 느끼는 자극의 역치閾值가 점점 높아져 나중에는 더 큰 자극이 필요할 수 있습니다. 뭐든 적당한 것이 좋겠지요. 새로움을 추구하되 기존의 것을 새롭게 바라보는 요령도 중요한 이유입니다. 현재의 일상이 너무 무료하다고 느껴지면 너무 큰 변화를 바라기보다 일상에 작은 변화와 활력을 넣어 보는 건 어떨까요? 매일 버스로 가던 길을 지하철로 가본다든지, 출근길에 매일 보던 유튜브대신 보고 싶었던 책을 한 권 본다든지, 평소 즐겨 마셨던 아메리카노대신 바닐라 라테를 미셔본다든지, 집의 소파 위치를 바꿔본다든지, 사무실 책상 위 물건들의 위치를 바꿔본다든지 할 수 있습니다.

김영하 작가의 소설 《작별 인사》에는 주인공 '철이'가 등장합니다. 철이는 평범한 일상을 벗어나고 싶은 충동으로 아버지의 곁을 떠납니다. 지내던 세상밖으로 떠나 떠돌던 그가 어느 순간 문득 이런 생각을 합니다.

'무료하고 갑갑하다고만 여겼던 평온한 시간이 실은 큰 축복이었다.'

무료하게 느껴졌던 평범한 순간들을 그리워하게 된 것이죠. 지금 여러분이 느끼는 평범한 일상은 무료하고 재미가 없고 따분하게 느껴질 수 있습니다. 하지만 그것은 곧 별일이 없는 안정된 상태일 수 있다는 의미도 됩니다.

지금, 이 순간도 괜찮은 순간이다

버트런드 러셀도 자극을 지나치게 추구하는 태도에 대해 주의해야 한다고 강조했습니다.

"지나치게 많은 자극은 건강을 해칠 뿐만 아니라 모든 종류의 즐거움에 대한 감각을 무디게 만든다. 근본적인 만족감을 표면적인 쾌감으로, 지혜를 얄팍한 재치로, 아름다움을 생경한 놀라움으로 바꾸어 버린다."

저 역시 일상이 따분하게 느껴질 때가 있습니다. 일어나서 글을 쓰고 음악을 듣고 샤워를 하고 출근을 하고 상담을 하고 밥을 먹고 글을 쓰고 책을 보고 영상을 보고 잠을 청하고 잠이 드는 일상이죠. 따분할 때는 이런 생각을 하려 노력합니다.

'따분하다. 뭐 재미있는 일 없을까? 그래도 지금이 좋은 순간일 수 있다. 정신없을 때, 뭔가 일이 생겼을 때는 지금, 이 순간이 그리워질지도 모른다. 지금, 이 순간도 괜찮은 순간이다.'

'따분함'의 다른 말은 '소소한 일상의 즐거움'입니다. 즐거움과 행복은 반드시 화려하고 큰 모습으로 있는 것은 아닙니다. 지금 당신의 자리에서, 지금, 이 순간 행복해지기로 마음 먹는다면 행복해질 수 있습니다. 지금 이 순간도 괜찮은 순간일 수 있습니다.

프리랜서로 일하는 사람들이 부럽습니다

완벽한 선택 같은 것은 없다. 단지 장단점의 다른 세트만 존재한다.

_ 데이비드 슐츠(작가)

한국고용정보원KEIS에서 발간한 '프리랜서 실태조사' 보고서에 따르면, 2020년 기준 우리나라의 프리랜서 수는 약 640만 명으로 전체 경제활동의 인구의 22.4%를 차지하고 있었습니다. 프리랜서 중 가장 많은 비중을 차지하는 직종은 IT · 인터넷 24.6%, 교육 · 자문19.8%, 디자인 · 미디어14.8% 등의 순으로 나타났습니다. 프리랜서의 월평균 소득은 253만 원으로 정규직 근로자의 월평균 소득 356만 원의 71% 수준이었습니다. 프리랜

서가 되는 이유는 자율성32.2%, 유연성23.8%, 시간 활용18.3% 순서로 나타났습니다.[18]

그렇죠. 프리랜서를 선택하는 가장 큰 이유는 자유로움이 아닐까요? 정해진 출퇴근 시간 없이 일하고 쉬는 삶. 많은 사람이 부러워할 만한 삶입니다. 프리랜서는 일하는 시간, 일 하는 장소, 일하는 프로젝트 등을 선택하는 데 있어 직장인보다는 아무래도 자유롭죠. 워라밸에도 큰 도움이 됩니다. 자기 이름을 걸고 하는 것이니 만큼 책임감도 더 가져야겠죠.

타이틀드 픽셀Titled Pixel이라는 캐나다 웹디자인·개발 회사가 있습니다. 이 회사의 창립자는 매트 잉글럿Matt Ingle이라는 사람인데요. 그는 대학 재학 중에 프리랜서로 일을 시작했다고 합니다. 그는 학생 때부터 프리랜서로 일을 하며 사업을 키웠고 결국에 수많은 종업원을 거느린 회사를 성장시켰습니다. 그는 경제전문지《포브스》와의 인터뷰에서 다음과 같이 말했습니다.

프리랜서의 가장 최대 장점, 유연성

———

"프리랜서 일의 유연성 때문에 나는 학교에 출석할 수도 있었고, 음악에 대한 나의 열정도 지속해서 추구할 수 있었다."

이 말만 살펴봐도 프리랜서가 주는 유연성의 장점은 정말 크게 느껴집니다.

그렇다면 우리는 왜 이리도 자율성과 유연성에 끌리는 것일까요? 내가 일하고 싶을 때 일하고, 하고 싶은 일을 하는 자율적인 삶은 우리에게 왜 이렇게 큰 유혹으로 다가올까요?

심리학의 '자기결정이론Self-Determination Theory'을 참고해볼 수 있을 것 같습니다. 이 이론은 인간은 3가지 기본 욕구가 있다고 가정하는데요. 자율성, 유능함 그리고 관계성입니다. 프리랜서로 활동하는 것은 이 중 '자율성'에 대한 욕구를 만족시켜 준다고 볼 수 있습니다. 일과 경력을 통제할 기회가 많기 때문입니다. 또한 유능함과 연관성에 대한 욕구충족에도 도움이 되기 때문입니다. 프리랜서들은 지속해서 자신의 기술을 단련하고, 고객과의 관계에도 지속해서 신경을 써야 하기 때문이죠.

하지만 이러한 프리랜서에게도 장점만 있는 것은 아닙니다. 여러분이 회사를 나와 프리랜서로 활동한다고 가정했을 때 주의해야 할 포인트가 몇 가지 있습니다.

불안정한 수입을 견딜 수 있는가?

가장 먼저 생각하셨으면 하는 점이 '경제적 측면'입니다. 자율성, 전문성도 중요하지만, 경제력도 이에 못지않게 중요합니다. 일단은 먹고 살아야 하기 때문입니다. 자신이 하고 싶은 일을 할 수 있어도 일단은 돈을 벌지 못한다면 큰 문제가 아닐 수 없습니다.

물론 프리랜서를 해서 먹고 살지 못한다는 의미는 아닙니다. 어쨌든 일하면 수입은 있을 것입니다. 문제는 그 수입이 불안정하다는 데 있습니다. 프리랜서로 일을 하다 보면 아무래도 수입이 불안정할 수밖에 없기 때문이죠. 당연한 얘기이지만, 많이 벌 때는 많이 벌고, 적게 벌 때는 적게 법니다. 많이 벌 때가 아예 없을 수도 있고요.

수입이 불안정해지면 프리랜서 최대 장점인 '자율성'에도 문제가 생길 수 있습니다. 하기 싫은 일인데도 돈 때문에 해야 하는 경우가 생길 수 있기 때문입니다. 하고 싶은 일을 하고 싶어 프리랜서를 택한 것인데, 하기 싫은 일도 돈 때문에 해야 하는 경우가 생길 수 있죠. 이러한 스트레스는 자신을 둘러싼 주변 사람들과의 관계에도 안 좋은 영향을 미칠 수 있습니다. 이는 다시 고립감을 증가시키고, 사람들과의 관계도 악화시킬 수 있습니다. 불안정한 수입은 이렇게 심리적으로 부정적 영향을 끼칠 수 있습니다.

맨체스터대학교 심리학과 알렉스 우드Alex Wood 교수와 동료 연구자들이 영국 성인 남성 2,000명을 대상으로 한 연구결과에 따르면, 불안정한 수입이 있는 사람들은 그렇지 않은 사람들보다 불안과 우울증을 더 많이 겪는 것으로 나타났습니다.[19] 한편, 네바다대학교 경영학과 프랜시스 맥키리안Frances McKee-Ryan 교수와 동료 연구자들이 미국 성인 1,000명을 대상으로 수행한 연구결과에 따르면, 불안정한 수입은 심장병, 고혈압 및 당뇨병 등과 같은 신체적 질병의 발생과도 관련이 있는 것으로 나타났

습니다.[20]

불안정한 수입은 이처럼 우리의 몸과 마음에 둘 다 좋지 않은 영향을 미칠 수 있습니다. 몸과 마음을 위해서라면 차라리 월급쟁이가 날 수도 있겠다는 생각이 듭니다. 물론 월급쟁이라고 해서 경제적 수입에 대한 스트레스가 없는 것은 아닐 것입니다. 하지만 적어도 '안정된 수입'이라는 측면에서는 직장인이 유리한 듯 보입니다.

결국 자율성과 안정성 사이에서의 선택입니다. '그래도 난 자율성이 더 중요하다.'라고 생각하시는 분들은 프리랜서를, '그래도 난 안정성이 더 중요하다.'라고 생각하시는 분들은 월급 직장인을 선택하시기 바랍니다. 정답은 없습니다.

어차피 장단점이 있습니다. 프리랜서를 무조건 부러워하실 필요는 없습니다. 어떤 프리랜서는 회사에 다니고 있는 여러분을 부러워하고 있을지도 모릅니다. 자신의 가치와 성향에 맞는 일을 선택하시기 바랍니다. 그래도 모르겠다면 일단 조금이라도 더 끌리는 쪽으로 선택해보시기 바랍니다. 해도 후회, 안 해도 후회할 것 같다면, 후회하더라도 일단 해보는 것이 낫지 않을까요? 당신의 선택을 응원합니다. 어떤 선택을 해도 괜찮습니다.

일단 선택을 하셨다면 그 선택에 최선을 다하시기 바랍니다. 그것이 여러분이 할 수 있는 최선입니다. 최선의 선택은 없습니다. 어떤 선택을 하든 그 선택 이후에 최선을 다하는 것이 진정한 최선입니다.

46

신입사원이여,
2직보다는 제2의 인생을 준비하자

> 은퇴 준비를 시작하는 가장 좋은 때는 어제였다. 그리고 두 번째로
> 좋은 때는 오늘이다.
>
> _ ChatGPT가 들려준 누군가의 이야기

이번에는 너무나 현실적인 얘기를 해보려 합니다. 신입사원이라면 누구나 퇴사나 이직을 생각해봤을 겁니다. 지금도 그런 생각을 하고 있을 수 있고요. 물론 이런 생각 자체가 잘못된 것은 아닙니다. 하지만 꼭 알아두셨으면 하는 점이 하나 있습니다. '이직이 모든 문제를 해결해주지는 않는다.' 라는 것입니다.

'저 인간만 없으면 회사 다닐 만하겠다.'

'이런 일만 없으면 정말 버틸 수 있겠다.'

이직만 하면 지금의 문제가 당장 해결될 것 같죠. 실제로 그럴 수도 있습니다. 저 역시 그랬습니다. 하는 일이 마음에 들지 않아서, 좀 더 전문적인 일을 하고 싶어서, 더 많은 연봉을 받고 싶어서, 진급하고 싶어서 퇴사하고 이직했습니다. 15년 동안 3번의 이직을 반복하며 네 군데의 회사에 다녔습니다. 요즘에는 원할 때마다 이직을 하는 것이 능력 있고 여겨질지도 모르겠습니다만 글쎄요. 저는 제가 너무 많이 이직한 건 아닌가하는 생각이 들때가 있습니다.

분명 이유가 있으니 들어간 회사였겠지만 새로운 회사에 간 후 어느 순간부터 퇴사를 생각하고 있었습니다. 여러분도 그런 마음이 들 수 있죠. 그런데 말이죠. 이직도 중요하지만 제2의 인생을 준비하는 것도 중요하다는 생각이 들었습니다. 이직을 준비하는 것만큼 제2의 인생을 준비하는 것을 추천드립니다. 이직으로는 '직장'이라는 근본적 문제가 해결되지 않기 때문입니다.

이직을 하면 현재 겪고 있는 문제는 금세 해결되었습니다. 하지만 새로운 회사에서는 새로운 문제가 늘 발생했습니다. 회사의 연봉이 마음에 안 들어 새로운 회사로 이직한 적이 있습니다. 연봉이 올라갔습니다. 그런데 올라간 연봉만큼 소비도 늘어나더군요. 소비가 늘어나니 실제 소득도 큰 변화가 없는 셈이었습니다.

대인관계문제도 마찬가지였습니다. 회사에 꼴 보기 싫은 상사, 동료가 있었습니다. 사람과 잘 맞지 않아 이직했습니다. 그런데 새로운 회사엔 새로운 빌런Villan이 존재한다는 것을 이직한 후에 깨달았습니다. 다른 얼굴, 다른 모습을 하고 말이죠. 끝판왕이 없는 게임과 같았습니다. 회사를 다니는 동안에는 끝이 없는 게임을 하는 것과 비슷합니다. 회사를 아예 떠나기 전까지는 말이죠.

회사는 다 거기서 거기

저의 경험상 '대부분의 회사는 거기서 거기'였습니다. 물론 넓게 보면 그렇다는 것입니다. 저는 다니는 회사와 사귀는 연인이 비슷하다고 생각합니다.

여러분도 사랑하는 사람과 헤어진 경험이 있으시지요? 헤어짐에는 이유가 있었을 것입니다.

상대가 툭하면 시간을 어기거나, 돈을 헤프게 쓴다거나, 다른 이성에 쉽게 눈길을 준다거나, 직업이 마음에 들지 않는다든가 말이죠. 그 문제로 헤어질 수 있습니다. 새로운 연인에게는 옛 연인의 문제가 안 보일 수 있죠. 새로운 상대에겐 새로운 문제가 보이기 마련입니다. 지금 만나는 사람이 정말 헤어져야 하는 심각한 이유가 아니면 그냥 만나는 것이 낫다고 생각합니다.

완벽한 이성이 없는 것처럼 실은 완벽한 회사도 없습니다. 그런 의미에서 이직을 고민할 바엔 제2의 인생을 고민하는 것이 더 나을 수 있다는 의미입니다. 2021년 기준 기대수명이 83.6세 라고 하네요. 50세에 직장생활을 접는다 치면 30년 이상을 또 살아가야 한다는 말입니다. 40대, 50대 때 회사를 나오게 된다 면 그때는 무엇을 할 계획인가요? 심각하게 고민해본 적 있나 요? 물론 먼 미래의 이야기라서 심각하게 고민해본 적은 없을 겁니다. 하지만 언젠간 반드시 마주해야 할 고민입니다. 언젠가 는 현실로 돌아올 얘기입니다. 언젠가는 반드시 해결해야 할 문 제입니다.

그런 의미에서 신입사원인 여러분은 직장생활을 자신의 진정 한 적성과 흥미를 찾는 시기로 활용하면 좋겠습니다. 그리고 그 시간이 너무 늦지 않으면 좋겠습니다. 이 책을 읽은 여러분 가 운데 대부분은 수능점수에 맞춰 대학, 학과를 선택하고 여러분 을 뽑아준 회사에 다른 대안 없이 다니게 되었을 거로 생각합니 다. 저도 그랬습니다. 물론 그 점이 나쁘다는 것은 아닙니다. 그 만큼 선택의 폭이 좁았다는 점을 강조하는 것입니다.

진정한 자기계발을 시작해야 하는 이유
———

그러니 직장을 다니는 지금부터 정말 여러분이 하고 싶었던 일, 해야만 할 것 같은 분야를 찾는 노력을 지금부터 시작하면 좋겠습니다. 은퇴 후 그 일을 바로 이어서 할 수 있는 일을 지금부터 찾기 시작하면 좋겠습니다. 군이 정년퇴직 때까지 기다리지 않았으면 좋겠습니다. 은퇴 후 등 떠밀려 치킨집을 차리고 편의점을 운영하고 카페를 오픈하고 그러시진 않았으면 좋겠습니다. 여러분이 하고 싶은 일, 재미를 느끼는 일, 보람을 느끼는 일을 회사 밖에서 할 수 있도록 지금부터 준비를 했으면 좋겠습니다. 그것이 진정한 자기계발이고 그것이 진정한 자기 삶으로의 이직이라고 생각합니다.

저 역시 그랬습니다. 회사 다닐 때 어느 순간부터 이런 고민을 했어요.

'나는 어떤 걸 좋아하는 사람일까?'
'난 무엇을 할 때 행복해할까?'
'난 무엇을 할 때 시간 가는 줄 모르고 열중할까?'

저는 사람들과 얘기하는 것이 좋았습니다. 특히 사람들의 고민을 들어주며 이야기를 나누는 것이 좋았습니다. 상대방의 얘기에 귀 기울이며 적절히 저의 이야기도 해주었습니다. 상대방은 위로가 되고 힘이 난다고 했죠. 그때 생각했습니다.

'아, 이 일을 전문적으로 해보면 어떨까?'

그때부터 심리상담 전문가가 되기로 결심했습니다. 회사를 다니면서 특수대학원에 다녔습니다. 자격증 취득을 위한 공부와 수련 활동을 이어갔습니다. 정말 힘들었습니다. 포기하고 싶었던 때도 많았습니다. 회사생활, 대학원 생활, 자격증 준비 생활은 가히 살인적이었습니다. 아내의 남편으로, 아이들의 아빠로서 역할도 해야 했습니다. 퇴근 후에도, 주말에도 푹 쉬어 본 적이 없었습니다. 5년 동안 그렇게 버텨냈습니다. 회사생활을 끝내고 지금은 심리상담사로서 제2의 인생을 살고 있습니다. 회사에 다닐 때 비해 소득은 약 40% 가량 줄었지만 만족감은 100% 늘었습니다. 그리고 제 또래의 직장인들이 회사에서 나와 '뭐 먹고 살지?'라고 고민할 때 저는 제가 하고 싶었던 일을 이미 충분히 하며 살고 있을 것이라 믿습니다.

이직도 중요하지만 제2의 인생이 더 중요할 수 있습니다. 회사에 다닐 때, 자신이 진정 하고 싶은 분야, 잘할 수 있는 분야를 찾고 준비를 시작하시기 바랍니다.

47

먹고 사는 데 도움이 되는
자기계발이 있다

> 당신이 은퇴 생각을 시작하는 가장 좋은 시기는 당신의 상사가 그
> 생각을 시작하기 전이다.
>
> _ ChatGPT가 들려준 누군가의 이야기

'자기계발을 해야 할 것 같은데 뭘 하지?'

학생에게는 학교, 학원 숙제가 있듯, 직장인에게는 자기계발
의 숙제가 있는 것처럼 느껴졌습니다. 제가 신입사원 때 했던
자기계발은 '영어회화 공부하기', '헬스클럽 다니기'였습니다.
그 두 가지가 가장 일반적이었던 것 같습니다.

자기계발의 국어사전 뜻을 살펴보면 다음과 같습니다.

자기계발自己啓發   잠재하는 자기의 슬기나 재능, 사상 따위
                        를 일깨워 줌.

잠재하는 자신의 재능을 일깨워 줌. 즉 현재는 겉으로 드러나거나 활용하고 있지 않지만 분명 가지고 있는 자신의 재능을 찾아 훈련하고 단련하는 노력입니다. 여기서 강조하고 싶은 단어는 자신의 '재능'입니다. 외국어와 운동은 분명 사회생활과 건강에 도움이 되겠지요. 그런데 재능이라고 할 수 있을까요? 혹시 이 글을 읽는 여러분 중에 외국어 회화가 자신의 재능이라고 생각하시는 분 계시나요? 운동에 재능이 있다고 생각하시는 분 계시나요? 대부분은 아닐겁니다. 세상에는 더 많은 분야가 있기 때문입니다.

그런데도 사람들은 자기계발을 위해 주로 이 두 가지 분야에만 주로 관심을 두는 것 같아요. 저 역시 그랬습니다. 저 역시 신입사원 때 온라인 영어, 전화 영어, 학원 영어 등 안 해본 영어회화가 없는 것 같아요. 헬스도 마찬가지였습니다. 단백질 보충제를 먹어가면서 몸만들기에 열중한 적도 있습니다.

세미semi 은퇴를 하다

그런데 앞서 말씀드렸듯 자기계발은 이왕이면 자신의 재능과

293

연결될 수 있는 분야면 좋겠습니다. 더 나아가 자신의 미래와 연결될 수 있는 분야면 더 좋겠습니다. 은퇴 후에도 자연스럽게 이어나갈 수 있는 분야 말이죠.

저는 현재 세미semi 은퇴를 한 상태라고 생각합니다. 약 15년 동안 다니던 회사생활을 마무리했습니다. 지금은 직장인이 아닌 직업인으로 사는 삶을 살고 있습니다. 직장인은 직장을 다니는 사람입니다. 즉 직장이 없으면 하는 일, 할 수 있는 일이 없어집니다. 직업인은 다릅니다. 직업을 가지고 있는 사람입니다. 직업만 있다면 직장이 없어도 일을 할 수 있습니다. 프리랜서, 전문가 등이 해당할 수 있겠네요. 저는 세 가지 직업을 가지고 있습니다. 심리상담사, 작가, 강연가입니다. 이 세 가지는 밀접하게 연관되어 있습니다. 심리상담의 이론과 경험을 바탕으로 글을 쓰고, 그 글을 바탕으로 강연을 합니다. 이 일을 하며 반드시 직장이 필요한 것은 아니죠.

저는 여러분들도 직업인이 되셨으면 좋겠습니다. 직장인은 한계가 있거든요. 직장에서 아무리 인정받고 잘나가도 직장 밖으로 나가면 끝입니다. 남는 것이 거의 없습니다. 직장에서 누렸던 화려한 위치와 권한도, 주위의 많은 사람과 월급도 대부분 사라집니다. 직장인의 현실이자 한계입니다. 직장인은 직장을 떠나서는 그 의미를 찾기 어렵습니다. 단지 시간의 차이일 뿐 모든 직장인은 언젠가 직장을 떠나야 하는 건 마찬가지입니다.

저는 여러분이 직업인이 되셨으면 좋겠습니다. 이를 위해 언젠가는 떠나야 할 직장에서 직업인이 되실 준비를 지금부터 시작하면 좋겠습니다. 많은 직장인은 직장인 이후의 삶에 대해서 깊게 고민하거나 현실적인 준비를 많이 하시지 않습니다. 그럴수록 여러분은 지금부터 고민하고 철저하게 현실적 준비를 시작해야 합니다.

나도 모르게 빠져드는 일이 제2의 직업이 될 수 있도록

그 시작은 자신이 하고 싶은 일, 자신이 좋아하는 일, 50대, 60대에서 하고 싶은 일을 찾는 데서 시작합니다. 자신의 적성과 흥미가 어디에 있는지 찾으셔야 합니다. 그리고 그 일을 하기 위한 준비를 시작해야 합니다.

시간 가는 줄 모르고 몰입하는 일, 하기만 하면 기분 좋아지는 일, 어느새 흐뭇해지는 일, 남들보다 잘하는 것 같은 일을 찾아야 합니다. 그런 일들이 직업인으로서 활동하게 될 분야에 대한 힌트가 될 수 있습니다. 저는 사람을 만나고, 사람의 얘기를 듣고, 공감하고, 질문하고, 위안과 용기를 주는 일이 그랬습니다. 저는 그런 일을 좋아했고 그런 일에서 뿌듯함을 느꼈습니다. 그런 일을 보다 전문적으로 할 수 있는 일을 찾았습니다. 그렇게 해서 찾은 분야가 '심리상담'이었습니다. 직업인으로서 '심리상담'일을 하고 싶었습니다. 앞서 말씀드렸듯, 퇴근 후 특수대학원에 다녔습니다. 자격증 취득을 위한 시험준비, 실습에 많은 시간을 들였습니다. 그렇게 약 5년의 시간을 투자해 직장인에서 직업인으로서의 삶을 시작할 수 있었습니다.

다시 자기계발의 이야기로 돌아가 볼까요?

저에게는 회사생활 10년차 때 했던 자기계발이 단순한 외국어 학습, 헬스가 아니었습니다. 직업인으로의 변신을 위한 자기계발이었습니다. 직업인과 연결되는 자기계발이었습니다. 이처럼 직업인과 연결되는 자기계발이 진정한 자기계발이라고 생각합니다. 유튜브 크리에이터를 꿈꾸는 직장인이 해야 할 자기계발과 와인 소믈리에를 꿈꾸는 직장인이 해야 할 자기계발은 달라야 합니다. 푸드 스타일리스트가 되고 싶은 직장인이 해야 할 자기계발과 배낭여행 전문가가 되고 싶은 직장인이 해야 할 자기계발은 달라야 합니다. 이처럼 자기계발은 자신의 미래와 연결되면 좋겠습니다. '남들이 하니까 나도 그거 할래', '요즘 취미로 사람들이 그거 많이 하는 것 같으니 나도 그거 해야겠다.'라고 하는 생각은 진정한 자기계발에 도움이 되지 않습니다.

제 주위 직장인들은 대체로 이런 반응이 많았습니다.

'은퇴는 너무 먼 미래의 이야기인데? 나중에 어떻게든 되겠지!'

'그때 가면 무슨 수가 생기겠지. 뭐라도 해 먹고 살겠지!'

이처럼 미래에 대해 큰일은 벌어지지 않으리라 생각하는 경향이 있는 것 같습니다. 심리학에서는 이러한 심리를 낙관편향이라는 용어를 사용하여 설명합니다. '낙관편향Opitimism bias'은 자신의 미래가 실제보다 더 긍정적일 거라고 믿고 생각하는 심리적 현상을 말합니다. 물론 미래에 실제로 모든 일이 잘 풀리고 큰 문제가 없을 수도 있습니다. 하지만 구체적인 계획이나 준비 없이 맞이하는 미래는 더 어렵고, 더 어두울 수 있습니다.

여러분도 혹시 미래에 대한 너무 안일한 태도나 막연한 기대를 하고 있지는 않나요? 그렇다면 한 번쯤은 현실적이고 구체적인 고민을 해보셨으면 좋겠습니다. 고민과 실행은 빠르면 빠를수록 좋습니다. 지금부터 준비를 시작해야 하는 이유입니다. 안 그러면 나중에 후회할 수 있습니다.

48

하루의 노예가
되지 않는 법

> 하루 3분의 2를 자신을 위해 쓰지 못하는 자는 노예에 지나지 않는다.
>
> _ 프리드리히 니체(독일 철학자)

'자기계발이 뭔지도 알겠고, 자기계발을 해야 하는 것도 알겠어. 근데 시간을 어떻게 내라는 거지?'

진정한 자기계발이 무엇인지 알았고, 필요성도 느껴지셨나요? 그럼 정말 다행입니다. 정말 큰 고비는 넘겼습니다. 자기계발 시간 내는 법을 알아보겠습니다. 어떻게 하면 시간을 낼 수 있을까요? 아침에는 조금이라도 더 잤으면 좋겠고, 퇴근 후에

298

는 쓰러져 잠들기 바쁜데 말이죠. 그래도 미래와 연결된 일인데 어떻게든 시간을 내야겠죠.

직장인이 시간을 내는 법에 대해서 일단 주중과 주말로 나누어 생각해보겠습니다.

먼저 주중입니다. 당연한 이야기이겠지만 주중에는 회사에 가야하기 때문에 개인적 시간을 내기 쉽지 않습니다. 낮에는 회사에 있고, 밤에는 피곤하죠. 그러한 이유 때문에 저는 출근 전 시간이 직장인에게 중요하다고 생각합니다.

미국 19세기 복음주의자, 목사, 작가, 언론인, 사회개혁가였던 헨리 워드 비처 Henry Ward Beecher 는 이런 말을 했습니다.

"하루의 첫 한 시간은 하루의 방향타이다."

하루의 처음을 어떻게 시작하느냐에 따라 그날이 방향이 결정된다는 의미겠죠. 아침 활용의 중요성을 느낄 수 있습니다. 사실 따지고 보면, 퇴근 후 시간은 내 마음대로 할 수 있는 부분이 별로 없습니다. 변수가 너무나 많기 때문입니다. 야근, 번개 회식, 퇴근길 정체길, 약속, 피곤함 등 뜻하지 않은 일이 너무나 많이 발생할 수 있기 때문입니다. 내 시간이 내 것이라는 생각이 들지 않죠.

아침, 현재와 미래를 연결해주는 시간

하지만 출근 전 시간은 다릅니다. 내 계획대로 시간을 활용할 가능성이 큽니다. 상대적으로 변수가 덜하기 때문이죠. 이른 아침부터 누군가에게서 연락이 올 가능성도 적습니다. 아침에 회식할 위험도 없습니다. 아침에는 보통 약속도 없죠. 야근도 없지요. 출근 전 시간을 자기계발의 시간으로 적극적으로 추천하는 이유입니다. 아침은 나의 현재와 나의 미래를 연결해주는 시간입니다. 직장인의 삶에서 직업인의 삶으로 연결해줄 시간입니다. 이 시간을 놓쳐서는 안 됩니다.

저는 회사에 다닐 때 주로 이 시간에 글을 쓰고 책을 썼습니다. 이 글을 쓰고 있는 지금도 아침시간입니다. 출근 전에 글을 쓰면 다른 때에 비해 더 집중할 수 있습니다. 상황적 변수가 덜하기 때문이죠. 퇴근 이후에는 중요도가 낮은 자기계발을 하거나 그냥 쉬었습니다.

이번에는 주말의 관점에서 얘기해보겠습니다. 주말에도 이왕이면 이른 아침을 활용할 것을 추천합니다. 주말에는 회사를 가지 않기 때문에 일찍 일어날 필요는 없지만 그래도 아침 시간을 추천합니다. 주말도 아침시간이 변수가 가장 적기 때문입니다. 일어나는 시간은 주중과 조금 늦거나 비슷했으면 좋겠습니다. 바이오 리듬과 루틴routine 유지 측면에서 유리하거든요. 낮잠을 자는 한이 있더라도 주말에 일정한 아침시간에 일어나는 습관을 가지면 좋겠습니다.

저는 회사에 다닐 때 주중과 주말 모두 아침 5시에 일어나려고 했습니다. 일어나려고 했다는 것이 중요합니다. 100% 지키진 못했지만 80% 정도는 지켰던 것 같습니다. 아침 5시에 일어나자 하루를 더 많이 쓸 수 있었습니다. 처음엔 눈이 잘 떠지질 않았습니다. 그래도 죽을힘을 다해 '평생 직장인으로만 살 수 없다.'라고 생각하며 눈을 뜨곤 했습니다. 모래알이 눈에 들어가 있는 것처럼 눈이 따끔거렸지만 말이죠.

큰 목표는 작게 세부적으로 바꾸어야
실천 가능성이 높아진다

———

저희 집은 역세권이 아니었기 때문에 마을버스를 타고 지하철 역까지 가야 했습니다. 매일 타기로 마음 먹었던 마을버스는 첫차였습니다. 그 시간에 그 버스를 타야 제가 목표로 한 시간에 지하철을 탈 수 있었고, 제 시간에 지하철을 타야 회사 근처 카페에 제시간에 도착할 수 있었습니다. 아침 카페에 도착하면 보통 아침 7시 정도 되었습니다. 그때부터 글쓰기를 시작할 수 있었습니다. 그 마을버스를 제 시간에 못타는 날은 30분 늦게 카페에 도착했습니다. 마을버스 첫차 탑승 여부가 그날 하루의 자기계발 방향을 결정했습니다. 그래서 저는 첫차 마을버스를 타는 것을 목표로 했습니다. 목표를 '제2의 인생준비'라는 커다란 수준에서 이렇게 작고 구체적으로 바꿔서 생각했습니다.

'직장인의 삶에서 직업인의 삶을 살아보자.' → '매일 아침 첫 마을버스를 타자.'

여러분도 큰 목표를 정하고 그 목표를 내 일상에서 구체적이고 현실적인 목표로 바꿔보시기 바랍니다. 더 와 닿고 힘이 납니다.

그럼 어떻게 하면 아침에 좀 더 일찍 일어날 수 있을까요? 몇 가지 방법을 소개해드립니다.

첫 번째, 일정한 수면과 기상 시간을 만드는 것입니다. 매일 같은 시간에 잠자리에 들고, 같은 시간에 일어나는 것이 중요합니다. 앞서 말씀드렸듯 회사에 가지 않는 주말, 공휴일도 마찬가지입니다.

두 번째, 매일 밤 잠들기 전 자신만의 잠들기 의식routine을 만드는 것도 도움이 됩니다. 예를 들어, 자야 할 시간이 되었을 때 책을 보거나, 조용한 음악을 듣거나, 뜨거운 물로 샤워를 하는 활동입니다. 이러한 활동과 수면을 연결하는 것입니다. 이러한 활동을 통해 우리의 뇌는 '이제 잘 시간이구나.' 하고 자연스레 받아들일 수 있습니다. 일종의 연상효과죠. 저는 자기 전 주로 침대 위에서 책을 봅니다. 침대 위에서 책을 보는 행위는 제가 자신에게 '이제 잘 시간이야. 곯아떨어질 시간이야.'라고 말하는 것 같습니다. 수면제가 따로 없습니다.

세 번째, 휴대전화로 기상시간 알람을 맞춰 놓고, 될 수 있으면 멀리 떨어진 것에 놓는 것입니다. 방을 가로질러 가야만 잡을 수 있는 곳에 휴대전화를 가져다 두고 잡니다. 그럼 다음 날 아침 알람을 끄기 위해 이동하며 잠에서 깰 수 있을 것입니다. 자기 직전까지 휴대전화를 보는 것은 '휴대전화 빛' 때문에 수면에 도움이 되지 않는다고 합니다. 숙면에 도움이 되는 멜라토닌melatonin의 분비를 방해하기 때문이죠. 이 때문에라도 휴대폰은 가능한 한 멀리 떨어뜨려 놓는 것이 좋습니다.

네 번째, 아침 기상과 동시에 자연스럽게 할 수 있는 자신만의 의식을 가져보세요. 예를 들어, 모닝커피 마시기, 아침산책, 음악 틀기, 강아지 밥 주기, 스트레칭 등의 활동이죠. 이왕이면 자신이 가장 좋아하는 활동이면 좋겠네요. 가장 좋아하는 활동일수록 아침에 더 잘 일어날 수 있을 테니까요. 저는 아침에 일어나자마자 우유에 시리얼을 타 먹습니다. 맛있습니다. 밤새 텁텁해진 입을 헹구어주는 효과도 있습니다.

"주인 아저씨가 깨워주는 건 싫어요. 어쩐지 제가 못난 것 같거든요."

헤밍웨이의 소설 《노인과 바다》에서 소년이 노인에게 한 말입니다. 혹시 아직도 누가 깨워서 일어나고 계시나요? 이제는 스스로 일어나시는 습관을 길러보시는 것도 좋을 것 같습니다. 그만큼 자신의 아침을, 자신을 인생을 더욱 주도적으로 이끌어 갈 수 있는 계기가 되지 않을까 합니다.

당신의 아침을 응원합니다.

49

당신에게도 장점이 있습니다.
단지 그것이 장점인 줄 모를 뿐

> 우리는 아무리 하찮은 능력이라도 반드시 하나는 가지고 태어나지요. 신이 정해주시지 않은 능력이란 없어요.
>
> _ 괴테(독일 문학가)

이런 생각이 들 때가 있지 않나요?

'왜 나는 잘난 점이 하나도 없는 것 같을까?'

내 주위에는 모두 나보다 잘난 사람들만 있는 것 같고, 나만 못나 보이고, 재능은 하나도 없는 것 같고. 그런데 정말 그런 걸까요? 정말 당신은 재능이 하나도 없는 사람일까요?

저는 회사에 다니며 첫 번째 책을 출간했습니다. 물론 쉬운 일은 아니었지만 그렇다고 그리 어려운 일도 아니라고 생각을 했습니다. 아침에 남들보다 조금 일찍 일어나 시간을 내 책을 읽고 책을 쓰고 했던 것이니까요. 그런데 주변 사람들의 반응은 상당했습니다. "진짜 대단하다. 아니 어떻게 회사에 다니면서 책을 쓸 생각을 다 했냐?" 그런 반응들을 자주 접하니 '생각하는 것보다는 어려운 일을 내가 해낸 것이구나.' 하는 생각이 들었습니다.

재능이 없는 사람은 없다.
단지 재능을 못 찾는 사람만 있을 뿐

———

당신이 평범하게 생각하는 자신의 모습이 다른 사람이 보기에는 특별할 모습일 수 있습니다. 다른 사람이 보기에는 뛰어난 능력이나 재능으로 보일 수 있습니다. 저는 양쪽 귀를 위아래로 움직일 수 있습니다. 눈을 약간만 크게 뜨면 귀가 움직입니다. 별것이 아니라 생각했습니다. 쉽게 했으니까요. 이 모습을 누군가 우연히 목격했습니다.

"와! 과장님, 정말 신기해요. 귀가 막 움직여요."

사람들은 저의 그런 모습을 신기해하고 좋아했습니다. '이게 뭐라고 재밌다고 그러지?' 저는 잘 이해가 안 갔지만 어쨌든 사람들이 좋아해주니 좋았습니다. 그 이후에 누군가에게 장기자랑할 일이 있을 때면 귀를 움직이곤 했습니다. 장기가 전혀 없을 것 같은 저에게도 장기가 있었습니다. 별다른 게 장기인가요? 사람들이 재밌게 생각해주면 그게 장기이지요. 누구나 장기가 있고 누구나 재능이 있습니다. 단지 그것이 장기이고 재능이라 생각하지 못할 뿐이지요. 이 세상에 재능이 없는 사람은 없다고 생각합니다. 단지 재능이라고 생각하지 못하는 사람만 있을 뿐입니다.

심리학에는 '평균이하효과Worse-than-average effect'라는 개념이 있습니다. 자신의 능력이나 성과를 다른 사람들과 비교하여 과소평가하는 경향을 나타냅니다. 여러분도 공감이 되시나요?

글을 빨리 읽는다든지, 사람의 이름을 잘 기억한다든지, 글의 오타를 잘 찾아낸다든지, 어질러진 물건들을 빨리 잘 정리한다든지, 어색한 상황에 잘 적응한다든지, 추위나 더위에 잘 견디는 편이라든지, 처음 보는 사람에게도 쉽게 말을 건다든지 하는 모습들은 모두 재능이 될 수 있습니다. 당신에게는 별다를 것 없는 모습이지만 다른 사람이 보기에는 부러운 모습이 될 수 있습니다. 단지 그 재능을 어떻게 현실적이고 효과적으로 개발하고 활용할 수 있을지의 문제입니다.

우연히 한 TV 프로그램에서 '균형잡기 왕'을 본적이 있습니다. 그분은 뭐든지 겹쳐 세웁니다. 돌멩이, 병, 자전거, 사다리 등 전혀 세울 수 없을 것 같은 것들을 서로 균형을 맞춰 세우시더군요. 처음에는 그냥 심심해서 세우셨다고 합니다. 처음에는 그분도 그 일이 그리 놀라운 일이 아니라고 생각하셨겠죠. 능력이고 재능이라고 생각하지 못하셨을 겁니다. 그런데 그분이 운영하는 블로그에서 그 영상을 누군가 보게 되었고, 서울시 홍보영상에도 등장하게 됩니다. 서울시 홍보영상을 두바이Dubai 왕자가 봤습니다. 그분은 결국 두바이로 건너가 해외 공연을 하셨습니다.

직장인이 되어서도 재능 찾기를
멈추면 안 되는 이유
———

'나는 특출난 것이 없어, 난 잘난 게 없는 사람이야,'라고 생각하시는 분이 있다면 이런 말씀드리고 싶습니다.

"아니에요. 당신도 분명히 재능이 있는 사람이에요. 다만 그것을 못 찾고 있을 뿐이죠."

자신에게도 '나만의 능력, 재능이 있다.'고 믿어보시기 바랍니다. 자존감self-esteem의 문제일 수도 있습니다. 자존감이 낮은 상태라면 자신만 초라해보이고 주위 사람들만 모두 잘나보일 수 있거든요. 이런 경우 자존감을 높이는 노력을 해야 합니다. 그리고 생각하는 겁니다.

'그래 내가 요즘 자존감이 많이 낮아졌나 보다. 그래서 나만 못나 보이고 주위 사람들만 다 잘나보였던 것 같아. 하지만 나에게도 잘난 점이 있겠지. 나는 별 것 아니라고 생각하지만, 사람들이 보기엔 재능이라 할 수 있는 특별한 점이 있을 거야.'

《세종실록》에는 이러한 글이 나와 있습니다.

'옛날 임금들은 장님을 악사로 삼아 음악을 연주하게 하는 임무를 맡겼다. 그들은 볼 수 없는 대신 음률을 잘 알았기 때문이며, 또 이 세상에는 버릴 사람이 없기 때문이었다.'

버릴 사람이 없다는 말. 그 말은 곧 이 세상 모든 사람은 저마다 잘하는 분야가 있고, 저마다 재능이 있다는 의미가 아닐까요? 조선시대의 장님들은 앞을 볼 수 없는 대신 잘 들을 수 있는 귀를 발달시킨 셈입니다. '하나의 문이 닫히면 하나의 문이 열린다.'는 말이 떠오릅니다. 이런 생각들을 하며 내일은 내 안의 장점을 찾아보는 하루가 되면 좋겠습니다. 오늘까지는 푹 쉬고 내일부터 하기로 해요. 오늘은 피곤하니까요.

1   Study on impulsive purchases and regret: Rook, D. W., & Fisher, R. J. (1995). Normative influences on impulsive buying behavior. Journal of Consumer Research, 22(3), 305-313.

2   Study on anxiety and decision-making: Lerner, J. S., & Keltner, D. (2001). Fear, anger, and risk. Journal of personality and social psychology, 81(1), 146-159.

3   Dunbar, Sosis, and Harris (2018), published in the journal Social Psychology and Personality Science.

4   The Society for Human Resource Management's survey, (2013), The Wall Street Journal and Forbes. & Weber Shandwick, (2018), reported by multiple news outlets, including CNBC and Business Insider.

5   Rees, J. H., & Heritage, J. (2000). The epistemic engine: Sequence organization and McKee-Ryan, F. M., Song, Z., & Kinicki, A. J. (2009). Unpredictable work schedules and employee health: A meta-analysis. Journal of Applied Psychology, 94(3), 600-614.territories of knowledge. Research on Language & Social Interaction, 33(3), 109-138.

6 YouGov. (2017). How Britons greet each other [Survey].

7 Harvard Business Review. (2019). When Envy at Work Turns to Malice

8 Google's Project Aristotle study were published in The New York Times Magazine on February 25, 2016, in an article titled "What Google Learned From Its Quest to Build the Perfect Team" written by Charles Duhigg.

9 Harari, D., Lane, P. J., & Tafkov, M. T. (2016). The relationship between job crafting and job satisfaction: The role of self-efficacy for growth and development. Journal of Vocational Behavior, 100, 120-131.

10 The Atlassian State of Meetings Report 2020, (https://www.atlassian.com)

11 Myers, D. G. (2020). Psychology (11th ed.). Worth Publishers.

12 "부장 전화가 무서워요"... 따리링~ 소리에 식은땀 줄줄, 국민일보, 2023. 06. 06

13 Forgas, J. P., & Williams, M. (2008). The fleeting nature of mood-induced self-perceptions: Evidence from a novel methodology. Cognition and Emotion, 22(1), 140-151.

14 Bowen, M., & Wright, E. (2009). The impact of gaslighting on mental health. Journal of interpersonal violence, 24(10), 1577-1596.

15 Fabello, M., & Wenzel, A. (2011). The impact of gaslighting on mental health: A qualitative study. Journal of interpersonal violence, 26(11), 1911-1932.

16 Grant, A. M., & Higgins, E. T. (2003). The effects of promotion and prevention cues on creativity. Journal of Personality and Social Psychology, 85(3), 447-466.

17 http://www.jibs.co.kr/news/articles/articlesDetail/29023?feed=na

18 Korea Employment Information Service (2021). 2021 Labor market outlook

19 Boyce, C. J., Wood, A. M., & Daly, M. (2010). A longitudinal study of affective and anxiety disorders, depressive affect and diabetes distress in type 2 diabetes adults. Diabetic Medicine, 27(7), 798-802.

20 McKee-Ryan, F. M., Song, Z., & Kinicki, A. J. (2009). Unpredictable work schedules and employee health: A meta-analysis. Journal of Applied Psychology, 94(3), 600-614.